NOVA LEI SECA

Eduardo Luiz Santos Cabette
Delegado de Polícia, Mestre em Direito Social, pós-graduado com especialização em Direito Penal e Criminologia e Professor de Direito Penal, Processo Penal, Criminologia, Medicina Legal e Legislação Penal e Processual Penal Especial na graduação e na pós-graduação do Unisal e Membro do Grupo de Pesquisa de Ética e Direitos Fundamentais do Programa de Mestrado do Unisal

EDUARDO LUIZ SANTOS CABETTE

NOVA LEI SECA

4ª Edição
Revista e Ampliada

Comentários à Lei 12.760/12 e suas correlações com a Lei 11.705/08, atualizados de acordo com a resolução Contran 432/13 e com as Leis 12.971/14, 13.281/16 e 13.546/17.

Inclui anexos com os textos legislativos alteradores e textos complementares sobre a Lei 13.546/17 e a Lei 14.071/20 sobre vedação de penas alternativas para homicídio e lesões culposas no trânsito qualificadas pela embriaguez.

Freitas Bastos Editora

Copyright © 2022 by Eduardo Luiz Santos Cabette.
Todos os direitos reservados e protegidos pela Lei 9.610, de 19.2.1998.
É proibida a reprodução total ou parcial, por quaisquer meios,
bem como a produção de apostilas, sem autorização prévia,
por escrito, da Editora.

Direitos exclusivos da edição e distribuição em língua portuguesa:

Maria Augusta Delgado Livraria, Distribuidora e Editora

Editor: *Isaac D. Abulafia*
Capa e Diagramação: *Jair Domingos de Sousa*

DADOS INTERNACIONAIS PARA CATALOGAÇÃO
NA PUBLICAÇÃO (CIP)

C114n

Cabette, Eduardo Luiz Santos

Nova Lei Seca / Eduardo Luiz Santos Cabette. – 4. ed. – Rio de Janeiro: Freitas Bastos, 2022.

182 p. ; 16cm x 23cm.

ISBN: 978-65-5675-087-3

1. Direito. 2. Nova Lei Seca. 3. Aspecto administrativo. 4. Aspecto penal. I. Título.

2021-4326   CDD 340   CDU 34

Elaborado por Vagner Rodolfo da Silva – CRB-8/9410
Índice para catálogo sistemático:
1. Direito 340
2. Direito 34

Freitas Bastos Editora

freitasbastos@freitasbastos.com
vendas@freitasbastos.com
www.freitasbastos.com

SUMÁRIO

1 – Introdução..1
2 – Embriaguez ao volante: aspectos administrativo e penal face à lei 12.760/12 2
    2.1. Aspecto administrativo 2
    2.2. Aspecto penal 17
3 – Conclusão..83
4 – Referências 93

ANEXOS
Anexo I – Lei 11.705/08..99
Anexo II – Decreto 6.488/08...103
Anexo III – Lei 12.760, de 20 de dezembro de 2012......................105
Anexo IV – Resolução Contran 432, de 23 de janeiro de 2013 108
    Anexo I – Tabela de valores referenciais para etilômetro...............113
    Anexo II – Sinais de alteração da capacidade psicomotora............114
Anexo V – Lei 12.971, de 09 de maio de 2014 116
    A) Lei 12.971, de 09 de maio de 2014 116
    B) Lei 13.281, de 4 de maio de 2016..120
    C) Lei 13.546, de 19 de dezembro de 2017................................133
Anexo VI – Textos complementares ("post scriptum")..................135
    A) A falácia do denominado "crime de perigo abstrato de perigosidade real"................................135
    B) A falsa premissa do tratamento penalmente desproporcional entre os incursos nos Incisos I ou II do artigo 306, CTB (embriaguez ao volante) 152

- C) Atualizações críticas sobre a nova lei 13.546/17, de 09.12.2017 156
- D) Vedação da prisão em flagrante em crimes de trânsito quando há socorro à vítima e as circunstâncias da embriaguez e do Racha 163
- E) Penas alternativas nos casos de homicídio e lesão culposos qualificados pela embriaguez no CTB 170

1 INTRODUÇÃO

Na época da edição da Lei 11.705, de 19 de junho de 2008 e do Decreto 6.488, da mesma data, foram promovidas importantes alterações no Código de Trânsito Brasileiro (CTB – Lei 9.503/97), especialmente no que tange à regulamentação dos casos de embriaguez ao volante nos aspectos administrativo e criminal. Agora vem a lume da denominada "Nova Lei Seca", Lei 12.760, de 20 de dezembro de 2012, tentando colmatar lacunas e equívocos gritantes existentes no diploma anterior.

Este trabalho tem por objetivo levar a termo primeiras reflexões sobre os efeitos jurídicos das alterações promovidas pela nova Lei 12.760/12. Efetivamente torna-se imperativo estabelecer parâmetros conformados pela legalidade para a atuação dos Operadores do Direito a partir da nova normatização.

Também algumas atualizações deverão ser incorporadas com o advento da Lei 13.281, de 4 de maio de 2016 e da Lei 13.546, de 19 de dezembro de 2017.

Será encetada uma comparação entre o que dispunha anteriormente a legislação respectiva e os novos textos legais, de modo a alcançar um panorama mais claro acerca da transição entre os referidos sistemas.

Ao final serão retomadas as principais ideias desenvolvidas ao longo do texto e formuladas as respectivas conclusões.

2 EMBRIAGUEZ AO VOLANTE: ASPECTOS ADMINISTRATIVO E PENAL FACE À LEI 12.760/12

2.1. ASPECTO ADMINISTRATIVO

A redação do CTB anterior às Leis 11.705/08 e 12.760/12 em seus artigos 165, 276 e 277, dispunha sobre as penalidades administrativas e formas de comprovação da embriaguez ao volante.

No artigo 165 era considerada infração administrativa "gravíssima" o fato de "dirigir sob influência de álcool ou de qualquer substância entorpecente ou que determine dependência física ou psíquica". Quanto à descrição da conduta a Lei 11.705/08 não procedeu a grandes mudanças, tão somente enxugando o texto legislativo. Assim sendo, manteve a descrição de "dirigir sob a influência de álcool", apenas lapidando o texto restante ao estabelecer como infração também dirigir sob a influência "de qualquer outra substância psicoativa que determine dependência". Aquela legislação reformadora extirpou do texto a palavra "entorpecente", aliás em consonância com a Lei de Drogas (Lei 11.343/06), que atualmente evita o emprego da mesma palavra, um tanto quanto restrita, para utilizar o termo mais amplo ("Drogas").[1] Ademais, a redação implantada pela Lei 11.705/08, ao não mencionar "entorpecentes" ou mesmo "drogas" em seu texto e sim "substância psicoativa que determine dependência", deixava claro que as substâncias que impedem o condutor de dirigir não se restringem somente ao álcool e às drogas ilícitas, mas abrangem qualquer espécie de estupefacientes ou excitantes provocadores de dependência física ou psíquica e que atuem sobre o sistema nervoso, provocando alterações em seu funcionamento que possam ser prejudiciais à segurança do tráfego.[2] É de se salientar que a Lei 12.760/12 não alterou a redação do artigo 165, *caput*, CTB.

---

[1] GOMES, Luiz Flávio (coord.), et al. *Nova Lei de Drogas Comentada*. São Paulo: RT, 2006, p. 21.

[2] Por exemplo, medicamentos licitamente receitados e usados, mas que tenham tais efeitos. Em sentido contrário, afirmando que o texto refere-se tão somente às drogas ilícitas: LEAL, João José, LEAL, Rogério José. Embriaguez ao volante, infração de trânsito e penalidades administrativas: comentários aos arts. 165, 276 e 277 do CTB. Disponível em www.jusnavigandi.com.br , acesso em 05.09.2008.

A natureza da infração administrativa não mudou nem com a Lei 11.705/08, nem agora com a Lei 12.760/12. Continua sendo uma falta "gravíssima". Contudo, na época da Lei 11.705/08 não se alterou a penalidade de multa, a qual permaneceu sendo agravada "cinco vezes". Agora a "Nova Lei Seca" veio dar tratamento mais rigoroso, sendo fato que a multa passa a ser agravada "dez vezes". Quanto à penalidade de suspensão do direito de dirigir, sob a égide do diploma anterior à Lei 11.705/08, era prevista pena de "suspensão do direito de dirigir", cujo prazo da penalidade variaria de acordo com o disposto no artigo 261, CTB (1 mês a 1 ano para primários e 6 meses a 2 anos para reincidentes no período de 12 meses), prazos estes regulamentados especificamente pela Resolução Contran 182/05. Atualmente, desde o advento da Lei 11.705/08 e agora mantido pela Lei 12.760/12, se prevê uma sanção *fixa* para todos os casos de 12 meses de suspensão do direito de dirigir, o que significa uma derrogação do disposto no artigo 261, CTB e na Resolução 182/05 do Contran. Agora aquele que infringir o artigo 165, CTB, sofrerá a penalidade *fixa de 12 meses* de suspensão. Isso para o infrator primário, eis que o reincidente, no prazo de 12 meses, no artigo 165, CTB, submete-se à "cassação" da habilitação, conforme dispõe o art. 263, II, CTB, que não sofreu alteração.

Destaque-se neste ponto o fato de que possivelmente haverá alegação de inconstitucionalidade da penalidade *fixa de 12 meses* de suspensão, sem previsão de balizas mínima e máxima, impossibilitando uma proporcionalidade e individualização sancionatórias. Afinal, se um motorista dirigir sob efeito de um copo de cerveja terá a mesma punição de um indivíduo que conduzia seu carro entorpecido pela ingestão de uma quantidade absurda de bebidas alcoólicas.

Finalmente, não se alterou a "medida administrativa" prevista, qual seja, "retenção do veículo até a apresentação de condutor habilitado e recolhimento do documento de habilitação". A Lei 11.705/08 manteve exatamente a mesma redação original do Código de Trânsito Brasileiro. Atualmente, a Lei 12.760/12 mudou a redação, mas não alterou substancialmente seu conteúdo. Hoje a dicção legal é a seguinte: "Medida administrativa – recolhimento do documento de habilitação e retenção do veículo, observado o disposto no § 4º, do art. 270 da Lei 9.503, de 23 de setembro de 1997 – Código de Trânsito Brasileiro". Na verdade, as medidas são exatamente as mesmas com o advento da "Nova Lei Seca", quais sejam, recolhimento da CNH e retenção do veículo até apresentação de condutor habilitado. O legislador promoveu tão somente uma alteração na ordem da redação, falando agora primeiro no recolhimento da habilitação e depois na retenção do veículo, quando antes fazia o inverso. É óbvio que essa alteração em nada muda o teor das medidas. Também antes dizia que o veículo permaneceria retido até a apresentação de condutor habilitado. Agora ao invés de dizer isso expressamente, faz referência ao disposto no artigo 270, § 4º, do CTB que, na verdade, diz exatamente isso, ou seja, que em caso de retenção o veículo somente deverá ser liberado com a presença de condutor habilitado, do contrário deverá ser recolhido a pátio autorizado às expensas do proprietário (artigo 262, CTB). A nova redação da Lei 12.760/12 deixa mais claro todo o "*iter*" procedimental administrativo e sua fundamentação legal, mas não altera em nada o conteúdo das medidas a serem tomadas pelos agentes de trânsito.

A retenção do veículo é medida salutar e de bom senso, pois seria mesmo surreal imaginar a autuação do condutor e sua posterior liberação, dirigindo o veículo e colocando a segurança do tráfego viário, e com ela a vida, a integridade física e o patrimônio próprios e alheios em perigo. Quanto ao polêmico "recolhimento" imediato do documento de habilitação, é preciso, como sempre, empregar uma interpretação e uma prática condizentes com as garantias constitucionais. Assim sendo, esse "recolhimento" jamais pode ser confundido com a "apreensão" da CNH por ocasião da aplicação da sanção administrativa de "suspensão do direito de dirigir". Para a tomada destas últimas providências mister se faz o devido processo legal no âmbito administrativo, com garantia de ampla defesa e contraditório (artigos 5º, LIV e LV, CF; 265, CTB, e Resolução Contran 182/05). Dessa forma o "recolhimento" da CNH é ato provisório e cautelar praticado pela Autoridade tão somente enquanto dure o estado de embriaguez do condutor, devendo o documento ser liberado tão logo não se apresente mais esse quadro, eis que a restrição ao direito de dirigir somente poderá dar-se em definitivo após o devido processo administrativo, conforme acima consignado. Esse recolhimento provisório pode parecer despiciendo e abusivo, mas justifica-se pela mesma razão da retenção do veículo, senão o condutor poderia voltar a dirigir outro veículo de posse da habilitação. É claro que ele poderá voltar a dirigir embriagado, mesmo sem a habilitação, mas nesse caso os agentes públicos tomaram todas as medidas possíveis para evitar novas infrações.

Anote-se, portanto, que o "recolhimento do documento de habilitação" previsto no CTB não é, em si, inconstitucional por violação do devido processo legal, vez que alicerçado na cautelaridade e razoabilidade.³ Porém, sua interpretação e aplicação em equiparação à "apreensão" da CNH com aplicação imediata de "suspensão do direito de dirigir", seria francamente inconstitucional. Esta é a lição da doutrina especializada:

"A rigor, porém, devendo ser notificado da autuação, para o exercício de defesa, unicamente depois de aplicada pela autoridade de trânsito a penalidade é que a suspensão será cumprida. Nestas circunstâncias, verificado o recolhimento, restituir-se-á a habilitação tão logo superado o estado de embriaguez. Somente depois da aplicação da pena e de seu trânsito em julgado recolhe-se novamente o documento, agora para o cumprimento da sanção".⁴

Atualmente, em consonância com o pensamento acima exposto e em obediências às normativas constitucionais relativas à ampla defesa e ao contraditório ínsitos também ao Devido Processo Legal Administrativo, a Resolução Contran 432/13, em seus artigos 9º e 10º regulam o recolhimento da CNH e a retenção do veículo exatamente nos termos propostos neste texto.

Ainda em termos de penalidades administrativas, a Lei 12.760/12 muda a redação do Parágrafo Único do artigo 165, CTB, passando a prever ali a aplicação em dobro da multa prevista no *caput* em caso de reincidência no período de até 12 (doze) meses. Observe-se que o que dobra é a pena de "multa" e não a de suspensão, eis que em caso de reincidência em 12 meses a penalidade de suspensão será substituída por cassação (artigo 263, II, CTB).

Outras mudanças importantes sob o aspecto administrativo operaram-se nos artigos 262, 276 e 277, CTB, que versam sobre a apreensão

---

3 Pode-se alicerçar tal conclusão em raciocínio análogo ao que ensejou a formação do entendimento do STJ acerca da constitucionalidade das prisões provisórias (vide Súmula 9, STJ), as quais não ofendem o Princípio da Presunção de Inocência, desde que sustentadas em rigorosos critérios de cautelaridade, necessidade processual, proporcionalidade e razoabilidade.

4 RIZZARDO, Arnaldo. *Comentários ao Código de Trânsito Brasileiro*. 4ª ed. São Paulo: RT, 2003, p. 403.

de veículos, comprovação da embriaguez e o nível de concentração de álcool no sangue que caracteriza a infração administrativa.

No artigo 262, CTB é incluído um § 5º, pela Lei 12.760/12. Ele dispõe que as atividades de depósito, recolhimento e manutenção de veículos apreendidos serão executadas mediante serviço público que poderá ser prestado diretamente pela administração ou então contratado por licitação pública pelo critério de menor preço.

Antes do advento da Lei 11.705/08, o antigo artigo 276, CTB, estabelecia que "a concentração de seis decigramas de álcool por litro de sangue" comprovava que o condutor estava impedido de dirigir veículo automotor. Com o surgimento da Lei 11.705/08 o dispositivo passou a estabelecer uma verdadeira "tolerância zero" para a combinação do álcool com a direção. A partir de então "qualquer concentração" de álcool por litro de sangue impede o condutor de dirigir e o submete às sanções do artigo 165, CTB. Com o surgimento da Lei 12.760/12 é mantida a regra de que "qualquer concentração de álcool" no sangue impede o condutor de dirigir. No entanto, a lei passa a ser mais clara quanto aos métodos válidos para essa aferição, fazendo menção expressa aos exames de alcoolemia (toxicológico do sangue) e de aparelho de exame de ar alveolar. Se podia haver alguma dúvida quanto à legitimidade do chamado "bafômetro" ou, mais tecnicamente, "etilômetro" para aferição do impedimento da direção de veículos automotores, a nova dicção do artigo 276, CTB dirime qualquer questionamento possível. Antes havia aqueles que teimavam em dizer que quando a lei falava em concentração de álcool por litro de sangue, somente o exame toxicológico de sangue seria apto a impedir a direção. Com o advento da Lei 12.760/12 a legislação passa a ser expressa e induvidosa. O etilômetro é hábil à aferição que pode sujeitar o condutor às penalidades do artigo 165, CTB.

Também houve atualmente alteração do Parágrafo Único do artigo 276. Com a Lei 11.705/08 esse Parágrafo Único dizia que "órgão do Poder Executivo Federal disciplinará as margens de tolerância para casos específicos". Atualmente a Lei 12.760/12 estabelece que "o Contran disciplinará as margens de tolerância quando a infração for apurada por meio de aparelho de medição, observada a legislação metrológica". Efetivamente a dicção dada pela então Lei 11.705/08 era obscura, já que não definia claramente que "órgão do Poder Executivo Federal" seria aquele e nem mesmo a espécie normativa através da qual se faria tal regulamentação (Decreto, Portaria, Resolução...????). Agora a lei estabelece com cristalinidade que é o Contran o órgão incumbido dessa tarefa e sendo assim é intuitivo que tal missão será executada por meio de Resolução respectiva. Além disso, a legislação antecedente era nebulosa quanto aos casos em que seriam aceitas margens de tolerância, dizendo apenas que seriam para "casos específicos", mas que especificidades seriam essas? A lei era silente. Agora já se sabe, por expressa disposição legal, que somente haverá margem de tolerância "quando a infração for apurada por meio de aparelho de medição", leia-se "aparelho de ar alveolar ou etilômetro". Isso significa que não haverá margem de tolerância para o exame toxicológico de sangue. Nele qualquer quantidade de álcool sujeitará o infrator às penalidades administrativas do artigo 165 CTB. Quanto ao exame por etilômetro, caberá então ao Contran, por meio de Resolução, estabelecer margem de tolerância. Isso foi procedido por meio da Resolução 432, de 23 de janeiro de 2013 que estabelece em seu artigo 6º, II que a concentração igual ou superior a 0,05 mg/l de ar alveolar sujeita à infração administrativa do artigo 165, CTB. Na realidade, pode-se dizer que a tolerância é mesmo "zero", isso porque o índice abaixo de 0,05 mg./l tolerado nada mais é do que a chamada "margem de erro" do aparelho de ar alveolar.

Na época da Lei 11.705/08, o Poder Executivo Federal regulamentou a questão das margens de tolerância provisoriamente por meio do Decreto 6.488/08, estabelecendo margens tanto para o exame toxicológico como para o de aparelho de ar alveolar (respectivamente duas decigramas por litro de sangue e um décimo de miligrama por litro de ar expelido pelos pulmões). Na forma da atual Lei 12.760/12 é inadmissível a margem de tolerância para o exame toxicológico, mas entende-se que o disposto no decreto, até regulamentação do Contran, ainda poderia ser utilizado para os casos de aparelho de ar alveolar. Aliás, esse mesmo Decreto 6.488/08, já estabelecia que coubesse ao Contran regular com maior especificidade as margens de tolerância por meio de Resolução própria (vide artigo 1º e §§ 1º a 3º do Decreto 6.488/88).

Também é de se ressaltar que a disciplina de margens de tolerância para os exames de etilômetro deverá ser feita, segundo o novo artigo 276, Parágrafo Único, CTB, com base na "legislação metrológica". Quando o legislador fala nessa "legislação metrológica" está fazendo referência àquela que tem sua base fundamental na Lei 5.966/73, que criou o Sistema Nacional de Metrologia, Normalização e Qualidade Industrial – SINMETRO e na Lei 9.933/99, que dispõe sobre as competências do Conselho Nacional de Metrologia – CONMETRO e do Instituto Nacional de Metrologia, Qualidade e Tecnologia – INMETRO.[5]

Vale retomar, neste momento, a questão da possível alegação de inconstitucionalidade da suspensão *fixa de 12 meses* para a infração do artigo 165, CTB, por violação da individualização e proporcionalidade. O problema é complexo e certamente, como já exposto linhas volvidas, gerará polêmicas. Entretanto, um argumento em defesa do dispositivo questionado pode ser a interpretação sistemática do CTB, considerando que o legislador equiparou para todos os fins a direção sob o efeito de qualquer concentração etílica no sangue, não permitindo distinções ou gradações. Sem dúvida, sob o ângulo ordinário o argumento procede, resta saber se o legislador infraconstitucional podia proceder a essa indistinção sem ferir Princípios Constitucionais. Também se deve indagar se a equiparação de qualquer concentração para a configuração da infração poderia conduzir a uma *pena fixa* para a dita infração, desconsiderando a individualização dos casos concretos. Afinal, o fato de que se admita uma "forma livre" de cometimento da infração, pode induzir à adoção de uma *pena fixa*? E neste passo a resposta parece ser negativa, eis que, fazendo um paralelo com o campo penal, certamente não seria viável entender que nos casos dos chamados "crimes de forma livre"[6] seria possível a previsão de uma *pena fixa* tão somente pelo fato de que são aceitas inúmeras maneiras de praticar a conduta incriminada.

O Parágrafo Único do artigo 276, CTB, prevê a possibilidade de estabelecimento excepcional de "margens de tolerância" de concentração de álcool no sangue. Sobre o tema, como já visto, tratou o Decreto 6.488/08, que em seu artigo 1º reafirma a "tolerância zero" já estabelecida pelo artigo 276, *caput*, CTB. Quanto às "margens de tolerância" excepcionalmente aceitas, determina o Decreto sobredito que serão objeto de definição em Resolução do Contran a ser expedida de acordo com

---

5 O estudo aprofundado da legislação metrológica extrapola os objetivos deste trabalho, mas o leitor interessado em pesquisar o tema com maior rigor poderá acessar material muito interessante e completo no site do INMETRO, a saber: http://www.inmetro.gov.br/metlegal/metBrasil.asp.

6 "Crimes de forma livre" são aqueles que podem ser praticados "por qualquer meio de execução". CAPEZ, Fernando. *Curso de Direito Penal*. Volume 1. 9ª ed. São Paulo: Saraiva, 2005, p. 266.

proposta a ser formulada pelo Ministério da Saúde (hoje há a Resolução 432/123, conforme acima já exposto).

Ocorre que enquanto não expedidos tais regulamentos, não poderia ficar em suspenso a definição das margens de tolerância, de forma que o artigo 1°, § 2°, do Decreto sob comento, estabelece provisoriamente, até a edição das ditas normas, que a margem de tolerância será de "duas decigramas por litro de sangue para todos os casos" ou de "um décimo de miligrama por litro de ar expelido dos pulmões", em caso de aferição por "etilômetro" [7] (art. 1°, § 3°, do Decreto 6.488/08). Como já visto, frente à nova redação dada ao Parágrafo Único do artigo 276, CTB pela Lei 12.760/12, as disposições do decreto em estudo sofrem derrogação, de maneira que somente se podem admitir margens de tolerância para o exame por etilômetro e não mais para o exame toxicológico.

Não obstante, é bom haver essa regulamentação, pois que se fossem deixadas as margens de tolerância em aberto, haveria uma situação de dúvida e insegurança jurídica, que fatalmente beneficiaria o infrator (Princípio do "favor rei"), tornando temporariamente inaplicáveis os artigos 165 e 276, CTB.[8] Felizmente a lacuna regulamentar foi rapidamente colmatada pela atuação do Contran, a fim de dar efetividade à "tolerância zero" entre álcool e direção nos termos do novo artigo 276, Parágrafo Único CTB, não sendo mais necessário o recurso ao Decreto 6.488/08, tendo em vista a edição da Resolução Contran 432/13.

A Lei 11.705/08 não mudou a redação do *caput* nem do § 1° do artigo 277, CTB, de forma que os testes para aferição da alcoolemia ou efeito de substâncias psicoativas permaneceram na época os mesmos (exame de sangue, exames clínicos, etilômetro, constatação pelo senso comum do agente de trânsito etc.). Por seu turno a atual Lei 12.760/12 já começa por revogar expressamente o § 1°, do artigo 277, CTB. É que o § 1° sob comento apenas fazia a menção de que não somente aqueles suspeitos de dirigirem sob efeito de álcool seriam submetidos a testes ou perícias para comprovação desse estado, mas também as pessoas que

---

[7] Etilômetro é o "aparelho de ar alveolar pulmonar", popularmente conhecido por "bafômetro".

[8] Afinal, se a lei previsse margens de tolerância para casos especiais e não definisse quais sejam as referidas margens e casos, restaria uma enorme dúvida nos casos concretos. E na dúvida beneficia-se o indivíduo: haveria uma margem de tolerância; não se saberia qual era; portanto tudo passaria a ser tolerado até que se definisse a faixa de permissibilidade e de proibição.

pudessem estar sob influência de "substância entorpecente, tóxica ou de efeitos análogos". Ocorre que com o advento da Lei 12.760/12 essa hipótese já está inclusa no "*caput*" do artigo 277, CTB, quando fala nos exames e testes para aferição não somente da presença de álcool, como também de "outra substância psicoativa que determine dependência". Assim sendo, o § 1º é eliminado por superfluidade. O artigo 277, CTB confirma aquilo que já vem expresso no artigo 165 do mesmo *codex*, ou seja, que não somente a direção sob efeito de álcool pode gerar a responsabilidade administrativa do condutor, mas também a direção sob influência de outras substâncias psicoativas, sejam elas lícitas (v.g. medicamentos que alteram a capacidade psicomotora) ou ilícitas (drogas nos termos do artigo 1º, Parágrafo Único da Lei 11.343/06).

Em termos gerais a redação do artigo 277, *caput*, CTB mantém o mesmo direcionamento, estabelecendo que o condutor de veículo automotor, envolvido em acidente de trânsito ou submetido à fiscalização respectiva, pode ser submetido a teste, exame clínico, perícia ou outro procedimento que, por meios técnicos ou científicos, na forma disciplinada pelo Contran, permita certificar a influência de álcool ou outra substância psicoativa que determine dependência. Entretanto, há alguns nuances interessantes na nova redação:

Antes a lei falava que "todo" condutor seria submetido aos exames ou testes, agora diz a lei que "o condutor" *poderá* ser submetido. Essa alteração parece estar umbilicalmente ligada a outra mudança vocabular da legislação. Mais adiante a lei antecedente dizia que todo condutor seria (usava o verbo no imperativo – "será") submetido aos exames e/ou testes. Agora diz que "poderá ser" submetido aos exames e/ou testes. Quando a legislação inovadora troca essas palavras provoca uma ingente alteração no sentido do texto. Aquilo que poderia gerar confusão como sendo uma determinação obrigatória, deixa de ser. A partir de agora, nem mesmo aqueles que pretendiam adequar a Constituição à Lei Ordinária ao reverso do que deve acontecer, entendendo que poderia uma lei qualquer estabelecer a obrigatoriedade de que as pessoas produzissem provas contra si mesmas, mesmo diante do Princípio da não-autoincriminação ("*nemo tenetur se detegere*"), terão qualquer espécie de apoio, ainda que capenga. A lei ordinária se adaptou à Constituição como, aliás, somente poderia ser. Então não é "todo" condutor que "será" obrigado a se submeter a testes, mas poderão os condutores serem submetidos aos testes, respeitando seus direitos individuais. Na verdade, mesmo antes dessa mudança salutar implementada pela novel Lei 12.760/12, não tinha qualquer sustento a tese de que alguém pudesse ser constrangido ao exame de sangue ou teste de etilômetro por força do artigo 277, CTB. É claro que a Constituição e os Princípios Básicos do Devido Processo Legal sempre devem se sobrepor a qualquer norma e, se for o caso, torná-la inócua ou então adequar sua interpretação de modo a não ferir os ditames superiores. Ainda assim é interessante que o legislador ordinário tenha tomado essa providência de adequar expressamente e sem margem para discussões o texto da lei aos regramentos constitucionais e principiológicos.

Desde a anterior alteração promovida pela Lei 11.705/08, o antigo § 2º, do artigo 277, CTB, foi cindido em dois novos parágrafos (§§ 2º e 3º). O § 2º, de acordo com a redação dada pela Lei 11.705/08, aperfeiçoou a dicção do anterior, reiterando com melhor técnica a determinação de que a infração do artigo 165, CTB, poderia ser caracterizada pelos agentes de trânsito por todos os meios legais de prova em direito admitidos, "acerca dos notórios sinais de embriaguez, excitação ou torpor apresentados pelo condutor". Isso equivalia a liberar, para fins administrativos, a forma de comprovação da embriaguez ou efeito de substância psicoativa, desatrelando a prova de uma única modalidade imprescindível que poderia ser a prova pericial. Na verdade tal providência legislativa já havia sido levada a efeito pela Lei 11.275/06, que incluiu o anterior § 2º, no artigo 277, CTB, então ligeiramente modificado.

Quando se afirma que as ligeiras modificações do § 2º, do artigo 277, CTB operadas pela Lei 11.705/08 propiciaram a manutenção do sistema anterior, apenas aprimorando a técnica da redação, refere-se ao fato de que a nova conformação do dispositivo deixava muito mais claro que seu campo de incidência era estritamente administrativo, não devendo extrapolar para a seara penal, com vistas ao artigo 306, CTB. Isso porque na nova redação dada pela então Lei 11.705/08 o legislador dizia expressamente que era "a infração do artigo 165, CTB", (administrativa), que poderia ser comprovada por outros meios legais de prova. No que tange à parte criminal seguia imprescindível a prova pericial ou ao menos a documentação formal do teste do etilômetro, a qual poderia ser equiparada à primeira[9], não se podendo olvidar o disposto no artigo 158, CPP.[10]

Na nova redação da Lei 12.760/12 essas características acima mencionadas permanecem intactas. Continua o legislador fazendo menção à comprovação da infração administrativa do artigo 165, CTB, delimitando bem o campo de incidência do artigo 277 do mesmo diploma. Apenas há um progresso redacional em que a lei explicita as formas pelas quais os sinais de ebriedade poderão ser aferidos pelo agente de trânsito: "imagem, vídeo, constatação de sinais que indiquem, na forma disciplinada pelo Contran, alteração da capacidade psicomotora". É bem nítido que essa relação de meios de comprovação não é taxativa, mas meramente exemplificativa, pois que o dispositivo é finalizado com a previsão da possibilidade de "produção de quaisquer provas em direito admitidas", o que, aliás, já constava na redação anterior sob a égide da Lei 11.705/08.

Por seu turno o § 3° acrescentado ao artigo 277, CTB pela Lei 11.705/08, o qual não sofreu alteração pela Lei 12.760/12, determina que o condutor que se negar a colaborar com os testes e exames previstos no *caput* será penalizado com as sanções previstas para a infração administrativa do artigo 165, CTB. Em outro giro, a Lei 13.281/16 altera novamente o § 3º em questão e cria um artigo 165-A, CTB. Passa a afirmar a lei no artigo 277, § 3º, que todo condutor que se recusar a se submeter aos exames e testes ou quaisquer procedimentos previstos no *caput* do artigo 277, CTB ficará sujeito às penalidades e medidas administrativas previstas no novel artigo 165-A, CTB.

Por seu turno, o artigo 165-A, CTB consiste na falta administrativa de "recusar-se a ser submetido a teste, exame clínico, perícia ou outro procedimento que permita certificar influência de álcool ou outra substância psicoativa, na forma estabelecida pelo art. 277". A infração é considerada "gravíssima", prevendo penalidade de "multa" agravada dez vezes "e suspensão do direito de dirigir por 12 (doze) meses". A medida administrativa prevista consiste no "recolhimento do documento de ha-

---

9 Este tema será mais detidamente analisado quando do estudo do tipo penal previsto no artigo 306, CTB.
10 É o chamado "Limite Probatório do Corpo de Delito", preconizado por Malatesta e previsto na maioria dos ordenamentos processuais penais modernos. MALATESTA, Nicola Framarino Dei. *A lógica das provas em matéria criminal*. Trad. Paolo Capitanio. Campinas: Bookseller, 1996, p. 514-523.

bilitação e retenção do veiculo". Além disso, a multa prevista é aplicada em dobro no caso de reincidência no período de até 12 meses. É de se notar que no âmbito administrativo, faça ou não os exames e testes, o condutor será punido com a suspensão de doze meses prevista para aquele que tem a ebriedade comprovada por exames e testes, o que equivale a tornar a submissão a exames compulsória, isso sem mencionar a multa elevadíssima e as demais medidas administrativas, em franca infração ao direito de não produzir prova contra si mesmo, que abarca também a seara administrativa e, por reflexo, acaba atingindo a penal no que tange ao artigo 306, CTB. Isso porque a coação administrativa usada para tornar obrigatória a submissão do condutor, acabará inibindo o cidadão de fazer uso de seu direito constitucional com reflexos inevitáveis na seara penal.

Considerando esse comando, passa o condutor a ser *obrigado* a submeter-se aos testes e exames previstos no artigo 277, CTB. O que o legislador fez foi criar uma espécie de infração administrativa por equiparação. Ele equiparou a negativa de submissão aos testes e exames à infração efetiva ao artigo 165, CTB.

É incrível que o legislador ainda insista nessa espécie de coação inconstitucional à produção de prova contra si mesmo (Princípio da não autoincriminação), acrescentando a isso agora também uma flagrante violação ao Princípio da Presunção de Inocência, Estado de Inocência ou não culpabilidade". O dispositivo sob comento vem sofrendo as críticas da doutrina em seu confronto com os Princípios Constitucionais sobreditos, aplicáveis ao caso mediante analogia a disposições constitucionais (art. 5º, LVII e LXII, CF) e diplomas internacionais que versam sobre Direitos Humanos e garantias individuais de que o Brasil é signatário.[11] Ainda que se considerasse que o "*nemo tenetur se detegere*" não tem aplicação no campo administrativo, o que não se sustenta a partir da solar constatação de que nossa Constituição estende o Devido Processo Legal, no bojo do qual se encontra o referido princípio, aos processos

---

11 Em monografia sobre o tema, Maria Elizabeth Queijo expõe que o Princípio "*nemo tenetur se detegere*" está intimamente ligado ao Princípio da Presunção de inocência e ao Devido Processo Legal, podendo ser inferido deste na Carta Magna, além da previsão expressa em normas internacionais sobre Direitos Humanos e garantias individuais de que o Brasil é signatário (v.g. Pacto Internacional de Direitos Civis e Políticos e Convenção Americana sobre Direitos Humanos). QUEIJO, Maria Elizabeth. *O Direito de não produzir prova contra si mesmo*. São Paulo: Saraiva, 2003, p. 69.

administrativos (art. 5º, LV, CF), não se poderia esquecer que para além da infração administrativa em casos de embriaguez ao volante, estamos ante a real possibilidade de responsabilização criminal do suposto infrator (artigo 306, CTB, sem falar do novo artigo 291, § 1º, I, CTB).

Ademais, como aventado anteriormente, o legislador acrescenta ao seu rol de afrontas à Lei Maior uma violação à "Presunção de Não-Culpabilidade" (art. 5º, LVII, CF). Isso porque ao equiparar a negativa aos testes e exames à infração de embriaguez ao volante (art. 165 c/c 277, § 3º, CTB), está *presumindo* que o condutor estava sob efeito de álcool ou de substância psicoativa. Há neste momento uma verdadeira inversão de valores, com a criação de uma espúria "Presunção de Culpabilidade" em franca oposição ao comando constitucional que estabelece uma "Presunção de Não-Culpabilidade".

A única maneira de interpretar o disposto no artigo 277, § 3º, CTB, evitando uma colisão frontal com a Constituição é considerar que quando da negativa do condutor aos testes e exames, a expressão "serão aplicadas as penalidades e medidas administrativas estabelecidas no artigo 165 deste Código", significa que o agente de trânsito diligenciará para comprovar a infração por todos os meios lícitos de prova, nos estritos termos do § 2º, do mesmo artigo, sob o crivo do devido processo legal e seus corolários da ampla defesa, do contraditório e da Presunção de Inocência. E mais, inclusive do Princípio da não autoincriminação, pois que a previsão da recusa do condutor no § 3º sob discussão dá mostras de que ela pode realmente operar-se, inclusive não caracterizando o crime de desobediência (art. 330, CP), mas tão somente sujeitando o suposto infrator ao devido processo administrativo para apuração de possível falta.[12] Dessa forma pode-se salvar o § 3º em destaque da pecha de inconstitucionalidade, já que assim preservaria a obediência ao Devido Processo Legal e, ao invés de prever a coação à autoincriminação, tornaria expressa a possibilidade de negativa do condutor a colaborar com sua persecução administrativa e, por reflexo, penal. Certamente

---

12 É jurisprudência e doutrina praticamente pacífica que o crime de desobediência se descaracteriza quando há previsão de sanção administrativa, civil, processual civil, trabalhista ou processual penal não cumulada expressamente com a sanção penal. Veja-se, por exemplo, o seguinte arresto: "As determinações cujo cumprimento for assegurado por sanções de natureza civil ou processual civil tal quanto às administrativas, retiram tipicidade do delito de desobediência (Tacrim SP, RT 713/350)". DELMANTO, Celso, et al. *Código Penal Comentado*. 6ª ed. Rio de Janeiro: Renovar, 2002, p. 661.

perdeu o legislador boa chance de extirpar o § 3º, do bojo do ordenamento jurídico brasileiro ou de reescrevê-lo de conformidade com as normas constitucionais. Não se entende por que o legislador reformulou o *caput* do artigo 277, CTB, acomodando-o à Constituição Federal e não somente manteve intacto o seu § 3º num primeiro momento, ainda o reforçando com a Lei 13.281/16, que exige um esforço interpretativo para salvá-lo de uma inconstitucionalidade gritante e aberrante. Fato é que a nova redação do artigo 277, *caput*, CTB imposta pela Lei 12.760/12 é mais um argumento de interpretação sistemática dentro do próprio Código de Trânsito a demonstrar que o § 3º, somente pode ser aplicado e interpretado de acordo com a sistemática acima proposta. Sua interpretação literal não encontra apoio na Constituição e nem mesmo no Código de Trânsito Brasileiro, conflitando com o próprio *caput* do artigo 277 de que ele se origina. Ademais, na própria Resolução Contran nº 432/13, encontra-se tratamento mais correto da matéria. Em seu artigo 6º, Parágrafo Único, estabelece que "serão aplicadas as penalidades e medidas administrativas previstas no art. 165 do CTB ao condutor que recusar a se submeter a qualquer um dos procedimentos previstos no artigo 3º, sem prejuízo da incidência do crime previsto no artigo 306, CTB *caso o condutor apresente os sinais de alteração da capacidade psicomotora*" (grifo final nosso). Com essa dicção resta claro que não apenas a recusa já conduz à penalização do suspeito, mas a efetiva aferição das condições psicomotoras através de outros meios legais postos à disposição do Estado sem necessariamente ferir o direito de não produzir prova contra si mesmo.

É relevante mencionar o trabalho de Cássio Mattos Honorato, que empreende interessante estudo comparativo entre as sanções de trânsito da "Common Law" (Inglaterra e Estados Unidos) e o sistema brasileiro. O autor diagnostica que no sistema da "Common Law" foi dada uma determinada resposta ao dilema acerca de tratar-se a condução de veículos na via pública de um "Direito Fundamental do Indivíduo" ou "um ato administrativo (i.e., licença) conferido pelo Poder Público", fazendo surgir no "mundo jurídico um "Direito Criado". Mesmo na doutrina pátria, com fulcro nos ensinamentos de Celso Antonio Bandeira de Mello, Eduardo García de Enterría e Tomás-Ramón Fernández, rechaçou-se a tese de "Direito Fundamental", restando, porém, especificar "a natureza jurídica" de tal "Direito Criado". Na "Common Law" pareceu mais adequada a formulação desse direito como um *"privilégio* conferido pelo Poder Público àquele que preencher determinados requisitos e sujeitar-se ao cumprimento de normas relacionadas à segurança do trânsito". Tanto isso é fato que a Lei de Trânsito do Estado de Nova York usa "a expressão *holder of privilege* (ou seja, detentor de um privilégio)".[13] Também o "Manual para Condutores do Estado da Pensilvânia (Penn Code)" afirma textualmente que a licença para dirigir é "um privilégio de conduzir veículo" (*"operating privilege* ou *driving privilege"*), sendo lícito concluir que a carteira de habilitação naquela legislação "consiste em um ato administrativo (denominado licença para dirigir) que possibilita a alguém a execução de uma atividade constantemente sujeita ao controle estatal, e que muito se aproxima da categoria jurídica conhecida como *privilégio de dirigir".*[14]

No seio dessa perspectiva formula-se na *common law* uma *presunção* de que "aquele que detém um privilégio consente na realização" de exames que atestem o cumprimento ou descumprimento das obrigações que assume para o exercício regular do referido *privilégio* (v.g. etilômetro, sangue, urina e saliva). Em consequência "a recusa aos exames é considerada descumprimento dos requisitos impostos pela licença, e sujeita o infrator à penalidade de suspensão do privilégio de dirigir".[15]

Percebe-se que o legislador brasileiro intentou, com o disposto no § 3º, do artigo 277, CTB, promover uma transposição a fórceps para o sistema pátrio de toda uma tradição do sistema de *common law* sobre a matéria enfocada. Ainda que seja sob o mero prisma da legislação ordinária, é cristalina a incompatibilidade de tal sistema com a conformação de nossa legislação de trânsito. Note-se que o CTB não utiliza em nenhum momento a palavra "privilégio" para designar a licença para condução de veículos automotores. Usa, na verdade, inúmeras vezes, inclusive nas dicções impostas pelas Leis 11.705/08 e 12.760/12, a expressão "direito de dirigir".

O intercâmbio das experiências legislativas através do estudo do Direito Comparado é extremamente salutar para o aperfeiçoamento de qualquer sistema jurídico. Entretanto, é preciso tomar a cautela, antes de

---

13 Sanções de trânsito na *common law*: análise doutrinária e estudo de direito comparado dos sistemas jurídicos inglês e norte-americano. *Revista Brasileira de Ciências Criminais.* São Paulo: RT, n. 52, jan./fev. , 2005, p. 102.
14 Op. Cit., p. 102-103.
15 Op. Cit., p. 107.

promover qualquer integração açodada, de realmente proceder a uma profunda reflexão comparativa e avaliação de compatibilidade no âmbito legal (ordinário e constitucional), tradicional, social etc. Somente no campo ordinário legal, a incorporação do sistema sobredito ao ordenamento brasileiro dependeria de uma profunda alteração na própria redação dos diversos dispositivos do CTB que mencionam a expressão "direito de dirigir", substituindo-a por "privilégio de dirigir". Mas, além disso, outras peculiaridades deveriam ser levadas em conta, principalmente as questões constitucionais de fundo anteriormente expostas, as quais, a nosso ver, configuram entraves intransponíveis à implantação de uma espécie de cópia do sistema alienígena acima abordado.

Feitas estas observações acerca do novo tratamento administrativo do tema enfocado neste trabalho, passa-se à análise das alterações promovidas na seara criminal.

2.2. ASPECTO PENAL

Também na seara penal tanto a Lei 11.705/08 como a atual Lei 12.760/12 promoveram mudanças importantes. Nas disposições gerais dos crimes de trânsito houve mudanças que devem ser relembradas operadas pela Lei 11.705/08, enquanto a Lei 12.760/12 se ateve à reformulação do famigerado artigo 306, CTB, cuja redação dada pela legislação antecedente foi deveras infeliz.

Iniciar-se-á pela exposição das disposições gerais dos crimes de trânsito formatadas pela Lei 11.705/08 para então chegar à discussão acerca do novo artigo 306, CTB na forma da Lei 12.760/12 em comparação com a redação anterior.

Pela primeira Lei Seca foi mantida a redação do *caput* do artigo 291, CTB, que trata da aplicação das normas gerais do Código Penal, do Código de Processo Penal e da Lei 9.099/95, naquilo que não for disposto de modo diverso. Entretanto, o antigo Parágrafo Único desse artigo foi dividido em dois novos parágrafos, de maneira a modificar sensivelmente as regras de aplicação de institutos da Lei 9.099/95 aos crimes de trânsito e, consequentemente, os instrumentos processuais de investigação.

Alguns crimes de trânsito, por força do *caput* do artigo 291, CTB, já ensejavam plena aplicabilidade das regras da Lei 9.099/95, tendo em vista na quantidade máxima de pena cominada "*in abstrato*" nos preceitos secundários dos tipos penais, que não ultrapassa dois anos (art. 61, da Lei 9.099/95). Este é o caso dos crimes previstos nos artigos 303, *caput*; 304; 305; 307; 308 (neste caso é preciso observar as alterações promovidas pela Lei 12.971/14); 309; 310; 311 e 312, CTB.

Em virtude de ultrapassarem a quantidade máxima de pena em abstrato de dois anos, ficaram excluídos da aplicabilidade dos dispositivos da Lei 9.099/95 os crimes de homicídio culposo do trânsito (art. 302, *caput* e também seu § 1º e qualificadora do § 3º, CTB); lesão corporal culposa do trânsito com aumento de pena (art. 303, § 1º e qualificadora do § 2º, CTB)[16] e embriaguez ao volante (art. 306, CTB).

No entanto, de acordo com a redação original do Parágrafo Único, do artigo 291, CTB, permitia-se a aplicação dos artigos 74, 76 e 88, da Lei 9.099/95, aos crimes de trânsito de lesão corporal culposa (art. 303 e também seu antigo Parágrafo Único, CTB); participação em competição não autorizada ("racha" – art. 308, CTB) e embriaguez ao volante (art. 306, CTB), incondicionalmente e independentemente do máximo da pena cominada.

Permita-se uma digressão para anotar que com as alterações promovidas na Lei 9.099/95 por força das Leis 10.259/01 (Juizados Especiais Cíveis e Criminais Federais) e 11.313/06, quanto à definição de infração penal de menor potencial ofensivo, parte da antiga dicção do Parágrafo Único do artigo 291, CTB, tornou-se obsoleta. Isso tendo em vista que para os crimes dos artigos 308 e 303, *caput*, CTB, passou a ser desnecessária a exceção do referido Parágrafo Único. Ela só tinha razão de ser na época em que a pena máxima prevista abstratamente num tipo penal para configurar infração penal de menor potencial ofensivo não podia superar 1 ano. Naquela época os artigos 303, *caput* e 308, CTB, não seriam considerados de menor potencial porque suas penas máximas eram de 2 anos, daí a então utilidade do artigo 291, Parágrafo Único, CTB, para tais casos. Com o aumento do patamar para 2 anos, os artigos 303, *caput* e 308, CTB, tornam-se naturalmente infrações abrangidas pela Lei 9.099/95.

Mas, o Parágrafo Único do artigo 291, CTB, não chegou a perder totalmente sua utilidade, pois que a lesão corporal culposa com aumen-

---

16 Numeração dos parágrafos dos artigos 302 e 303, CTB de acordo com a nova Lei 13.546/17.

to de pena (art. 303, antigo Parágrafo Único, CTB) e a embriaguez ao volante (art. 306, CTB) continuaram tendo penas máximas que excluiriam a aplicabilidade dos dispositivos da Lei 9.099/95. No caso do artigo 306, CTB, a pena máxima é de 3 anos e no caso do artigo 303, Parágrafo Único, a pena máxima de 2 anos ultrapassará o referido patamar tão logo aplicado o aumento previsto de 1/3 a 1/2. Assim sendo, permaneceria útil a autorização de aplicação dos artigos 74, 76 e 88 da Lei 9.099/95 a esses tipos penais.[17]

Acontece que com a revogação do antigo Parágrafo Único sob comento e sua substituição pelos novos §§ 1° e 2°, ocorreram relevantes mudanças.

Uma primeira alteração foi que agora o § 1°, do artigo 291, CTB, não estende o disposto nos artigos 74, 76 e 88, da Lei 9.099/95, aos crimes dos artigos 306 e 308, CTB, mas somente à lesão corporal culposa. Observe-se que com relação ao crime de "racha" (art. 308, CTB), sua não menção no atual § 1° ora tratado não traz maiores consequências. É que o artigo 308, CTB, era, até o advento da Lei 12.971/14, naturalmente uma infração penal de menor potencial ofensivo, pois sua pena máxima, como já dito, não ultrapassava 2 anos. Portanto, para ele, desde a alteração do patamar máximo de pena para infrações de menor potencial (Leis 10.259/01 e 11.313/06) para 2 anos, valia a aplicação *"in totum"* da Lei dos Juizados Especiais Criminais. Sua retirada do antigo rol de extensão constituiu na época mera atividade de adequação legislativa, excluindo do texto legal uma disposição inútil porque redundante. Atualmente, a Lei 12.971/14 alterou a pena máxima do crime previsto

---

17 Destaque-se que em nosso entender o mais relevante era a aplicabilidade dos artigos 74 e 76, da Lei 9.099/95, eis que atrelados à condição de infração de menor potencial. O caso do artigo 88, da Lei 9.099/95 é diferente, integra as "Disposições Finais" do diploma comentado e não é exclusivo para infrações de menor potencial. Menciona os crimes de lesões dolosas leves e lesões culposas, que, por mera coincidência, são infrações de menor potencial. Portanto, pode ser aplicado a qualquer caso de lesão culposa, independentemente da pena, a não ser que a lei preveja expressamente de modo diverso. Aliás, frise-se que a menção ao art. 88, da Lei 9.099/95, constante do art. 291, Parágrafo Único, CTB, refere-se *somente* ao crime de lesões corporais culposas (art. 303, CTB) e não aos artigos 306 e 308, CTB, ambos de ação penal pública incondicionada. A extensão do dispositivo sob comento aos artigos 306 e 308, CTB, geraria um absurdo de exigir representação em "crimes vagos", ou seja, aqueles cujo sujeito passivo é indeterminado. Neste sentido: LOPES, Maurício Antonio Ribeiro. *Crimes de Trânsito*. São Paulo: RT, 1998, p. 57.

no artigo 308, CTB para 3 (três) anos, de modo que ele se tornou uma infração que não é mais de menor potencial ofensivo. Portanto, sua não menção na norma de extensão do artigo 291, § 1º, CTB impede a aplicação de qualquer instituto da Lei 9.099/05, tirante a suspensão condicional do processo (artigo 89 da Lei 9.099/95), eis que sua pena mínima permanece inferior a 1 ano (6 meses).

O mesmo não se pode dizer da exclusão do artigo 306, CTB (embriaguez ao volante), pois que ele tem pena máxima de 3 anos, não sendo, desde sempre, portanto, por natureza, uma infração de menor potencial. O alcance dos institutos da Lei 9.099/95 ao artigo 306, CTB, somente se dava por força do antigo artigo 291, Parágrafo Único do mesmo diploma. Com a inovação legislativa o artigo 306, CTB, fica definitivamente excluído da aplicabilidade de quaisquer institutos relativos a infrações de menor potencial ofensivo. A partir de agora o único instituto da Lei 9.099/95 cabível para a embriaguez ao volante é a chamada "suspensão condicional do processo" ou "sursis processual", que abrange infrações cuja pena *mínima* não supere 1 ano (art. 89, da Lei 9.099/95), espraiando-se, desse modo, a infrações que não são de menor potencial.

Não resta dúvida que a partir de agora não se pode cogitar de apuração de embriaguez ao volante por intermédio de Termo Circunstanciado, aplicação de composição civil de danos e transação penal em audiência preliminar do Jecrim, e nem de aplicação do procedimento sumaríssimo da Lei 9.099/95 (artigos 77 e seguintes). Também em casos de flagrância nada impede a lavratura do respectivo Auto de Prisão em Flagrante, sendo possível arbitramento de fiança pela Autoridade Policial, já que a pena máxima não ultrapassa 4 anos (artigo 322, CPP).

Na atual conformação a extensão dos institutos dos artigos 74, 76 e 88, da Lei 9.099/95 só se opera para o crime de lesões corporais culposas (art. 303, CTB). Mas, é preciso ter cuidado:

Quando houver lesão corporal culposa simples (art. 303, "*caput*", CTB), não se tratará de extensão apenas de certos institutos da Lei 9099/95 a um crime que, por natureza, não seria de menor potencial. A lesão culposa simples do artigo 303, *caput*, CTB, é mesmo infração de menor potencial ofensivo, pois tem pena máxima de 2 anos. Assim sendo, é abrangida pela Lei 9.099/95 em sua totalidade por força do artigo 291, *caput*, CTB e não devido ao § 1º do mesmo dispositivo. Então, para a lesão culposa simples são aplicáveis inclusive as disposições que substituem a Prisão em Flagrante e o Inquérito Policial pelo Termo Circunstanciado, além dos dispositivos dos artigos 74, 76 e 88 e do procedimento sumaríssimo dos Juizados Especiais Criminais.

Por outro lado, em se tratando de lesão corporal culposa com aumento de pena (art. 303, § 1º, CTB), tem aplicação a norma extensiva do artigo 291, § 1º, CTB. Isso considerando que havendo aumento de pena fatalmente o patamar máximo de 2 anos será superado e, em tese, a lesão culposa deixaria de ser abrangida pelos institutos da Lei 9.099/95. Com o advento da Lei 12.971/14 o mesmo ocorrerá sempre que a lesão culposa no trânsito for de natureza grave ou gravíssima e cometida em situação de racha, pois, nos termos da nova redação dada ao artigo 308, § 1º, CTB, a pena passa a ser de reclusão de 3 a 6 anos. Porém, neste caso não há se falar em extensão de benefícios da Lei 9.099/95 por força do dispositivo impeditivo previsto no artigo 291, § 1º, II, CTB.

Na verdade, quanto ao artigo 88, da Lei 9.099/95, que trata da ação penal, não nos parece, conforme já explicitado em nota de rodapé anterior, necessária a menção legal. Constitui ela certo excesso de zelo do legislador, o qual acaba sendo bem-vindo, pois evita possíveis polêmicas. No entanto, em nosso parecer, o disposto no artigo 88, da Lei 9.099/95 refere-se a quaisquer casos de lesões culposas, uma vez que referido artigo acha-se nas "Disposições Finais" da Lei 9.099/95 e não se dirige especificamente a infrações de menor potencial, fazendo, na verdade, menção a espécies de crimes, a saber, lesões dolosas leves e lesões culposas. Na realidade, o que seria necessário, acaso o legislador quisesse afastar a necessidade de representação nesse caso de lesão culposa ou em qualquer outro, seria a expressa disposição em contrário ao regrado pelo artigo 88 da Lei 9.099/95. Por exemplo, se fosse criada uma lesão culposa especial em um novo diploma legal, tivesse ela a pena que fosse, no silêncio do legislador, a ação penal seria pública condicionada a representação por força do artigo 88 da Lei 9.099/95, norma de caráter geral, que faz referência genérica a "lesões culposas" e não a "lesões culposas deste ou daquele artigo ou lei específicos".

A grande utilidade da norma de extensão nesse caso refere-se à aplicabilidade dos institutos da composição civil de anos (art. 74 da Lei 9.099/95) e da transação penal (art. 76, da Lei 9.099/95) aos casos de lesões culposas no trânsito, mesmo com aumento de pena. Nesses casos, a considerar o máximo cominado com o aumento, ficaria afastada a aplicação dos referidos institutos, o que somente não ocorre graças à dita norma extensiva.

Observe-se, porém, que a extensão dos artigos 74, 76 e 88, da Lei 9.099/95 ao artigo 303, Parágrafo Único, CTB, não constitui novidade da Lei 11.705/08. Isso já era normal de acordo com o revogado Parágrafo Único do artigo 291, CTB, que não distinguia entre lesões culposas simples ou com aumento de pena.

A inovação surge com a criação pelo § 1°, do artigo 291, CTB, de limitações a tal extensão. São previstas 3 exceções em que não ocorrerá a dita extensão, mesmo tratando-se de lesões culposas.

A partir da Lei 11.705/08 não basta que o caso seja de lesões culposas no trânsito com aumento de pena para que se amplie a aplicação dos institutos da Lei 9.099/95 ali arrolados. É preciso doravante que o autor do crime não o tenha cometido:

I – Sob influência de álcool ou qualquer outra substância psicoativa que determine dependência;

II – Participando, em via pública, de corrida, disputa ou competição automobilística, de exibição ou demonstração de perícia em manobra de veículo automotor, não autorizada pela autoridade competente;

III – Transitando em velocidade superior à máxima permitida para a via em 50 km/h.

Nestes casos o legislador afastou o benefício de extensão dos institutos despenalizadores da Lei 9.099/95. Inclusive, nestas situações, regulou de forma expressamente contrária ao disposto no artigo 88 da Lei 9.099/95. Portanto, em havendo lesões culposas do trânsito com aumento de pena, a ação penal será *pública incondicionada* sempre que ocorrer uma das hipóteses do artigo 291, § 1°, I, II ou III, CTB.

O inciso II, do § 1°, do artigo 291, CTB, descreve conduta que, por si só, configuraria crime autônomo. Trata-se do conhecido "racha" (art. 308, CTB). Entretanto, conforme orientação doutrinária encontrável, o crime de dano (lesão) absorverá o crime de perigo ("racha"),[18] isso tendo em vista a subsidiariedade tácita que normalmente caracteriza os crimes de perigo.[19] Agora com a previsão do artigo 291, § 1°, II, CTB, essa

---

18 LOPES, Maurício Antonio Ribeiro. Op. Cit., p. 234.
19 MIRABETE, Julio Fabbrini, FABBRINI, Renato N. *Manual de Direito Penal*. Volume

interpretação ganha um relevante reforço. Com a vedação ao infrator das benesses da Lei 9.099/95, inclusive institutos despenalizadores, pelo fato de haver perpetrado a lesão culposa durante um "racha", constituiria dupla apenação espúria ("*bis in idem*") caso se cogitasse de eventual concurso com o crime do artigo 308, CTB. Além disso, o fato da lesão culposa, acaso grave ou gravíssima, ocorrer em racha, levará a uma pena qualificada nos termos do artigo 308, § 1º, CTB, de acordo com a nova redação dada pela Lei 12.971/14. Embora concordemos com a absorção dos crimes de perigo pelo crime de dano, é preciso observar que tanto o racha como a embriaguez, que levam a essa discussão, acabam tendo penas maiores do que a Lesão Corporal. Isso tem levado o STJ a indicar que não deve haver absorção e sim concurso material, valendo tal orientação tanto para o racha, quanto para a embriaguez ao volante. Em decisão sobre a embriaguez ao volante, estabeleceu o STJ os seguintes pontos principais de seu entendimento mais recente (RE 1629107 – STJ):

> "Consideradas infrações penais autônomas, os delitos de lesão corporal culposa na direção de veículo e de embriaguez ao volante não admitem a aplicação do princípio da consunção a fim de permitir a absorção do segundo crime pelo primeiro, já que os tipos penais tutelam bens jurídicos distintos.
>
> O entendimento foi aplicado pela Quinta Turma do Superior Tribunal de Justiça (STJ) ao rejeitar pedido de absorção do crime de condução de veículo sob o efeito de álcool (**artigo 306** do Código de Trânsito Brasileiro) pelo delito de lesão corporal na direção de veículo (**artigo 303** do CTB) em caso de atropelamento ocorrido no Distrito Federal. A decisão foi unânime.
>
> De acordo com o Ministério Público, o motorista conduzia seu veículo em estado de embriaguez quando atropelou um pedestre na cidade de Ceilândia (DF). Após a colisão, policiais militares submeteram o condutor ao teste de bafômetro, que aferiu a dosagem de 0,92 mg de álcool por litro de ar – quantidade superior ao máximo legal permitido.

II. 25ª ed. São Paulo: Atlas, 2007, p. 93.

Em primeira instância, o motorista foi condenado à pena de um ano de detenção e suspensão da habilitação por quatro meses pelos crimes de embriaguez ao volante e de lesão corporal na direção de veículo.

A sentença foi confirmada pelo Tribunal de Justiça do Distrito Federal. Para o tribunal, as duas infrações penais são autônomas, podendo ser praticadas isoladamente.

Momentos diferentes

Por meio de recurso especial, a defesa do motorista alegou que, conforme as provas dos autos, ficou demonstrado que o acidente que causou a lesão corporal teve origem na imprudência do réu ao dirigir alcoolizado. Nesses casos, apontou a defesa, o crime de lesão corporal culposa, considerado mais grave, deveria absorver o delito de embriaguez ao volante, que é menos grave.

O relator do recurso especial, ministro Ribeiro Dantas, ressaltou que a jurisprudência do STJ se firmou no sentido da impossibilidade de aplicação do princípio da consunção entre os crimes de embriaguez ao volante e de lesão corporal culposa na direção de veículo, já que os dois tutelam bens jurídicos distintos.

"Além disso, o delito de embriaguez ao volante não se constitui em meio necessário para o cometimento da lesão corporal culposa, sequer como fase de preparação, tampouco sob o viés da execução de crime na direção de veículo automotor", apontou o ministro.

Ao negar o recurso especial, o ministro também lembrou que os crimes possuem momentos consumativos diferentes, já que o delito de embriaguez ao volante é de perigo abstrato, de mera conduta, e se consuma no momento em que o agente passa a conduzir o carro. Já o delito do artigo 303 do CTB depende da existência de lesão corporal culposa para a sua consumação".[20]

---

20 CRIME de lesão corporal na direção de veículo não permite absorção do delito de

Registre-se também que no caso do artigo 291, § 1°, I, CTB, o crime de embriaguez ao volante já era absorvido para evitar dupla apenação pelo mesmo fato, eis que já previsto como causa de aumento de pena (art. 303, Parágrafo Único c/c Parágrafo Único, inciso V, do art. 302, CTB). Agora, embora revogada a causa de aumento de pena da embriaguez pelo artigo 9°, da Lei 11.705/08, também se reforça essa tese, pois que tal circunstância passa a vedar as benesses da Lei 9.099/95, inclusive com repercussão na punibilidade. A embriaguez ao volante segue sendo absorvida, mesmo não mais prevista como causa de aumento de pena porque certamente constitui o elemento da imprudência que caracteriza o crime culposo e sua aplicação em concurso configuraria *"bis in idem"*. Ademais, com o advento da Lei 13.546/17, a embriaguez volta a exacerbar a pena do artigo 302, CTB, desta feita na forma de qualificadora (artigo 302, § 3°, CTB). Ora, qualificando o delito, não poderá a ebriedade ser usada para o concurso com o crime do artigo 306, CTB. Já no caso das lesões corporais (artigo 303, CTB), também volta a embriaguez, por força da Lei 13.546/17 como qualificadora (artigo 303, § 2°, CTB), desde que ocorram lesões graves ou gravíssimas aliadas à ebriedade do condutor causador do acidente. No caso de lesões leves, é possível discutir sobre a absorção, nos termos acima expostos ou o concurso de crimes, lembrando que, ao reverso de nosso entendimento, o STJ nega a tese da absorção, conforme acima já consinado (RE 1.629.107, 5ª Turma, STJ). Entretanto, frise-se que nos casos em que a embriaguez qualifica o crime realmente é indiscutível que haverá absorção, sob pena de *"bis in idem"*. A decisão do STJ contra a absorção diz respeito a casos em que a embriaguez ou mesmo o racha não atuam como qualificadora ou aumentos de pena, seja para o homicídio culposo, seja para a lesão culposa.

Por derradeiro neste tópico vale comentar acerca do disposto no inciso III, do § 1°, do artigo 291, CTB. A grande questão nesses episódios será a aferição da velocidade imprimida ao veículo nos casos concretos, o que dependerá muito de apurada prova pericial e da disponibilidade de aparelhagens adequadas. Também aqui se vislumbra a possibilidade de cometimento de crime autônomo, como, por exemplo, o artigo 311, CTB (velocidade inadequada em certos lugares). Novamente e pelas mesmas razões antes expendidas com relação aos casos anteriores, esse crime será absorvido pelas lesões corporais culposas.

---

embriaguez ao volante. Disponível em www.stj.jus.br , acesso em 26.04.2018.

Havia, antes do advento da Lei 11.705/08, certo dissenso na doutrina quanto ao alcance da extensão promovida a crimes de trânsito que a rigor não seriam de menor potencial, das normas da Lei 9.099/95.

Os entendimentos divergiam, formando duas correntes básicas:

a) Alguns defendiam a tese de que a norma extensiva do artigo 291, Parágrafo Único, CTB, teria o efeito de propiciar aplicação total da Lei 9.099/95 aos crimes em questão, mesmo sendo eles dotados de penas não típicas de infrações de menor potencial. Para essa linha de pensamento a Lei 9.099/95 deveria ser aplicada desde o início, impedindo-se a Prisão em Flagrante, nos termos do artigo 69, Parágrafo Único, da Lei 9.099/95 e substituindo-se o Inquérito Policial por Termo Circunstanciado. A justificativa seria o respeito à razoabilidade, pois a possibilidade de despenalização pelos institutos da composição civil de danos e transação penal tornaria abusiva, por exemplo, a Prisão em Flagrante de alguém para, ao depois, em Juízo, proceder a simples transação de pena não privativa de liberdade.[21]

b) Outros entendiam que a norma extensiva era expressa em conferir apenas e tão somente as benesses dos institutos previstos nos artigos 74, 76 e 88, da Lei 9.099/95, não alcançando, por exemplo, a fase pré-processual, de modo que seria plenamente possível a Prisão em Flagrante e a apuração por meio de Inquérito Policial. Isso considerando que o legislador somente possibilitou a "aplicação de apenas três institutos da lei", deixando explícita a vedação de tudo mais que se refira aos Juizados Especiais Criminais, pois que em momento algum o legislador converteu aqueles delitos em verdadeiras infrações de menor potencial ofensivo, ao passo que se o desejasse o faria de forma expressa.[22]

---

21 Neste sentido: LOPES, Maurício Antonio Ribeiro. Op. Cit., p. 57.
22 CAPEZ, Fernando, GONÇALVES, Victor Eduardo Rios. *Aspectos Criminais do Código de Trânsito Brasileiro*. 2ª ed. São Paulo: Saraiva, 1999, p. 2-3.

Na época acabou prevalecendo o segundo entendimento, o qual nos parecia realmente mais correto. Agora, com a norma extensiva do § 1°, do artigo 291, CTB, restringindo-se somente aos casos de lesões corporais culposas do trânsito com aumento de pena, tirante as exceções dos incisos I, II e III, conforme demonstrado, estabelece o § 2° da mesma norma que "nas hipóteses previstas no § 1° deste artigo, deverá ser instaurado inquérito policial para a investigação da infração penal".

A nosso ver tal dispositivo põe cobro à vetusta polêmica anteriormente descrita.[23] Hoje a lei é expressa no sentido de que em *todos os casos* do § 1°, do artigo 291, CTB, a apuração dar-se-á em sede de Inquérito Policial. Não importará se for um caso de lesão culposa com aumento de pena que permita a extensão dos artigos 74, 76 e 88, da Lei 9.099/95 ou que não permita por força de um dos incisos impeditivos. O § 2° não faz referência somente aos casos dos incisos proibitivos, menciona explícita e literalmente as "hipóteses previstas no § 1°" do artigo 291, CTB.

Assim, se forem casos de extensão dos dispositivos da Lei 9.099/95, o caso será de Inquérito Policial, eventual Prisão em Flagrante etc. Depois, em Juízo, serão aplicados os institutos da Lei 9.099/95. Exceção deve ser feita à questão da representação da vítima (artigo 88, da Lei 9.099/95), a qual necessitará ser colhida como condição de procedibilidade para a lavratura do flagrante e/ou instauração de Inquérito Policial (art. 5°, § 4°, CPP), não podendo ser postergada.

Em se tratando de lesão culposa do trânsito com aumento de pena em que esteja presente um dos três incisos limitativos, não será, em nenhum momento, aplicado qualquer instituto da Lei 9.099/95,[24] havendo

---

23 Ao menos sob o prisma da legislação ordinária. A polêmica pode prosseguir sendo discutida no quadro de uma questão de fundo que critique a avaliação do legislador sob o enfoque da proporcionalidade e razoabilidade, colocando-se em cheque a opção de possibilitar a prisão em flagrante, por exemplo, sabedor da aplicação ulterior de eventual composição civil de danos e/ou transação penal, o que poderia levar à desnaturação da justa causa para certos procedimentos, insistindo-se na melhor solução como sendo a adoção "*in totum*" da Lei 9099/95. Neste aspecto a discussão transcende a lei ordinária e vai migrar para a análise de eventuais infrações a Princípios Constitucionais da Proporcionalidade e Razoabilidade. Pode-se dizer, inclusive, que essa questão da proporcionalidade do procedimento se acirra com o advento da Lei 12.403/11 que alterou o tratamento legal ordinário dado às medias cautelares no Processo Penal nos estritos termos do artigo 282, I e II, CPP.

24 Relembre-se a exceção da suspensão condicional do processo (art. 89, da Lei 9.099/95).

obviamente apuração em sede de Inquérito Policial, Prisão em Flagrante, se for o caso, e inclusive, prescindindo-se de representação, eis que nesses episódios, conforme já exposto, a ação passa a ser pública incondicionada.[25]

O artigo 296, CTB, também foi objeto de reforma pela Lei 11.705/06. O legislador aumentou o rigor repressivo nos casos de condenação de reincidentes pela prática de crimes de trânsito. Antes a lei estabelecia uma *faculdade* do Juiz de impor, além das demais sanções penais cabíveis, a penalidade acessória de "suspensão da permissão ou habilitação para dirigir veículo automotor".[26] Atualmente a norma, em sua nova redação, não mais estabelece uma *faculdade* do julgador, mas sim determina *imperativamente* que o Juiz "aplicará" a referida sanção sempre que o réu for reincidente em crimes de trânsito. Não há mais margem alguma conferida ao magistrado para análise de eventuais peculiaridades de cada caso concreto.

Anote-se que a reincidência que enseja a pena acessória sob comento é a específica em crimes de trânsito (artigos 302 a 312, CTB). Eventual reincidência em outros tipos penais não propiciará a aplicação dessa sanção.[27] Não obstante, é desnecessário que o agente tenha sido condenado exatamente no mesmo crime de trânsito anterior. Por exemplo, um indivíduo condenado anteriormente por lesão culposa no trânsito que vem a cometer o crime de embriaguez ao volante. Não há necessidade, para que a reincidência específica se configure que o crime anterior fosse também de embriaguez ao volante. Isso porque a lei utiliza a expressão "reincidente na prática de crime previsto neste Código", claramente abrangendo todos os crimes de trânsito indistintamente.

Outro aspecto relevante quanto ao presente tema é que a sanção de suspensão sobredita não poderá ser aplicada em casos de condenações por crimes de trânsito que já a prevêem como pena principal no preceito secundário dos tipos penais. Nesses casos, de que são exemplos os artigos 302, 303, 306, 307 e 308, CTB, a reincidência atuará como "circunstância agravante preponderante", nos termos do artigo 61, I, CP. Nos demais casos, em que os crimes de trânsito não prevêem a penali-

---
25 Reitere-se que se a lesão culposa for simples (art. 303, *caput*, CTB), haverá plena aplicação da Lei 9.099/95 por tratar-se de verdadeira infração de menor potencial ofensivo.
26 RIZZARDO, Arnaldo. Op. Cit., p. 620.
27 Op. Cit., p. 620.

dade em destaque de forma principal (artigos 304, 305, 309, 310, 311 e 312, CTB), o Juiz *deverá* aplicar a suspensão, sendo que nessas circunstâncias a reincidência não poderá ser utilizada como agravante genérica de acordo com o artigo 61, I, CP, para evitar "*bis in idem*".[28]

A reincidência específica em crimes de trânsito obviamente somente se operará e gerará as consequências em destaque quando a condenação anterior for transitada em julgado, em respeito ao Princípio da Não-Culpabilidade (artigo 5°, LVII, CF e artigo 63, CP). Também não será atingido pela reincidência específica sobredita aquele condenado, ainda que por sentença definitiva, cuja data de cumprimento ou extinção da pena distar mais de cinco anos da infração posterior. Trata-se da chamada "Prescrição da Reincidência", prevista no artigo 64, I, CP.

Além disso, é preciso notar que, como se trata da aplicação de uma pena que se agrega àquelas já previstas no preceito sancionatório dos respectivos tipos penais, não se trata de efeito automático da condenação a imposição da suspensão do direito de dirigir. Para que o infrator seja submetido a essa penalidade, mister se faz menção expressa na sentença. Acaso o Juiz não conste de sua decisão a imposição da penalidade sobredita, nem mesmo o juízo da execução poderá incluí-la posteriormente. Se a sentença condenatória que não impõe a suspensão ao reincidente específico em crime de trânsito transitar em julgado, tal pena deixará de ser aplicada, inobstante o imperativo legal. Assim sendo, caberá ao Ministério Público, em caso de omissão da sentença ou do acórdão, utilizar-se dos meios recursais adequados para a correção da situação, ou seja, deverá valer-se dos embargos de declaração (artigo 382, 619 e 620, CPP) e/ou da apelação (artigo 593, CPP).

Mais uma mudança de relevo operou-se pela Lei 11.705/08 e necessitou de nova reforma agora pela Lei 12.760/12. Trata-se da redação dada ao artigo 306, CTB, que tipifica o crime de embriaguez ao volante.

A partir da Lei 11.705/08 ficou estabelecida como crime a simples conduta de conduzir veículo automotor, na via pública, em duas situações:

    a) Estando com concentração de álcool por litro de sangue igual ou superior a 6 decigramas;

    b) Estando sob a influência de qualquer outra substância psicoativa que determine dependência.

---

28 CAPEZ, Fernando, GONÇALVES, Victor Eduardo Rios. Op. Cit., p. 15-16.

Embora o legislador não tenha alterado a pena prevista para o crime em destaque, percebe-se que foram levadas a efeito alterações profundas que inclusive mudaram a natureza do tipo penal.

A redação anterior à Lei 11.705/08 também mencionava a condução de "veículo automotor, na via pública". Nesse ponto não houve mudança. A definição de "veículo automotor" segue sendo encontrável no Anexo I, intitulado "Dos conceitos e das definições".[29] Também o palco da conduta deveriam ser as "vias públicas", de modo que se a direção embriagada se passasse em local particular, sem sequer acesso ao público, não se configuraria a infração.[30] Neste ponto já se pode destacar uma primeira alteração de monta promovida pela Lei 12.760/12. Esse novo diploma, ao redefinir a redação do artigo 306, CTB, retira o elemento objetivo do tipo consistente em que a conduta tenha de se dar na "via pública".

Isso significa que, a partir de agora, o motorista que for flagrado dirigindo veículo automotor com a capacidade psicomotora alterada, poderá ser preso em flagrante mesmo que tal fato ocorra em uma área privada, como estacionamentos, condomínios, garagens etc. Entretanto, essa questão ainda pode gerar alguma discussão doutrinário-jurisprudencial na medida em que o artigo 1º, do Código de Trânsito Brasileiro estabelece que ele regula "o trânsito de qualquer natureza nas vias terrestres do território nacional, *abertas à circulação*" (grifo nosso). Ora, se o CTB se aplica somente às vias "abertas à circulação", isso significa que suas normas seriam aplicáveis tão somente às vias públicas. Sabe-se que, por exemplo, se pode conduzir um veículo automotor dentro de um sítio particular sem necessidade de licenciamento ou CNH. Acontece que na parte penal há o argumento de que quando o legislador quis estabelecer o alcance típico somente para as vias públicas o fez. Enfim a discussão será certamente intensa, mas parece que realmente houve uma abertura tipológica para as áreas privadas. Assumindo essa postura da abertura do tipo para as vias privadas, ainda se migrará para outra

---

29 "Veículo Automotor – todo veículo a motor de propulsão que circule por seus próprios meios, e que serve normalmente para o transporte viário de pessoas e coisas, ou para a tração viária de pessoas e coisas, ou para a tração viária de veículos utilizados para o transporte de pessoas e coisas. O termo compreende os veículos conectados a uma linha elétrica e que não circulem sobre trilhos (ônibus elétrico)".

30 CAPEZ, Fernando, GONÇALVES, Victor Eduardo Rios. Op. Cit., p. 45.

linha de discussão, agora mais profunda do que a simples interpretação gramatical do texto. Trata-se de considerar se há lesividade a justificar a tipificação criminal da condução sob efeito de álcool ou outras substâncias em área privada. Haveria nessa situação perigo concreto ou mesmo abstrato a algum bem jurídico a justificar a intervenção penal? Parece-nos que qualquer resposta apriorística e generalizante será equivocada. Somente a análise detida do caso concreto submetido à jurisdição poderá solucionar o problema. Pode haver caso em que haja algum perigo, inclusive concreto e também pode haver outro caso em que não se justifique a movimentação do aparato estatal criminal devido à ausência de tutela de bens jurídicos postos em risco. Exemplificando: no primeiro caso um indivíduo dirige embriagado um carro no quintal de sua casa muito espaçoso e na presença de várias pessoas, inclusive crianças que participam de um churrasco. No segundo, o sujeito está só num sítio afastado completamente de qualquer contato social e guia seu carro nos limites da propriedade sem que haja qualquer pessoa ou propriedade alheia correndo risco de dano. Assim sendo, a conclusão é a de que a constitucionalidade ou inconstitucionalidade da norma em relação à condução ébria em locais privados será aferida na efetiva aplicação da lei e não abstrata e genericamente falando.[31]

Uma primeira alteração de monta se processa pela Lei 11.705/08 na situação de embriaguez por álcool. Antes a lei incriminava a direção "sob influência de álcool", sem delimitar um grau específico de concentração de álcool no sangue.

A partir da primeira Lei Seca quando da ebriedade por álcool, passa a exigir a lei, para que o crime se perfaça, a comprovação de ao menos 6 decigramas de álcool por litro de sangue.

Anteriormente a esta mudança, quando a lei mencionava a fórmula mais aberta da "influência de álcool", conformou-se o debate doutrinário, havendo dois posicionamentos básicos:[32]

    a) Um pensamento de que a embriaguez somente seria caracterizada com a comprovação da concentração de 6

---
31 Essa questão já foi desenvolvida em texto anterior com a colaboração de Sannini Neto. Cf. SANNINI NETO, Francisco, CABETTE, Eduardo Luiz Santos. Lei 12.760/2012: A Nova Lei Seca. Disponível em www.jus.com.br, acesso em 28.12.2012.
32 CAPEZ, Fernando, GONÇALVES, Victor Eduardo Rios. Op. Cit., p. 45.

decigramas de álcool por litro de sangue, embora o artigo 306, CTB, não a aventasse. Tal raciocínio baseava-se em uma interpretação sistemática do CTB, fazendo uma correlação entre sua parte penal e sua parte administrativa. Na época se correlacionava o artigo 306, CTB, com o artigo 276, CTB, o qual estabelecia aquela concentração para a caracterização da infração administrativa. Afinal, se tal parâmetro não fosse adotado, estar-se-ia criando uma anomalia legal, vez que a infração meramente administrativa somente se configuraria com um grau de exigência maior, enquanto que a infração penal ocorreria mesmo com níveis menores de alcoolemia, ao passo que o natural é que o Direito Penal atinja infrações mais graves, deixando para o campo administrativo as menores.[33]

b) Outra corrente apregoava que em face do silêncio do tipo penal acerca de qualquer concentração, a análise deveria ser casuística, devendo-se aferir se a quantidade de álcool ingerida pelo infrator teria provocado alteração em seu sistema nervoso, de modo a reduzir suas funções motoras e perceptivas, ocasionando perigo na condução de veículos automotores.

Este segundo entendimento prevaleceu na doutrina. Inclusive, na literatura internacional, encontra-se Pavón defendendo esta tese quanto à interpretação da lei espanhola, que também mencionava "influência" de álcool, sem definir uma determinada concentração etílica. Para a autora a fixação de certa taxa à revelia da lei não encontra sustentação.[34]

Não obstante, o quadro se modifica drasticamente após a Lei 11.705/08, pois que, no caso do álcool, não faz mais menção à simples "influência" como outrora. Passa a exigir, para a comprovação da ebriedade, a constatação de uma determinada concentração de álcool por litro de sangue (0,6 g/l).

---

33 Neste sentido: PIRES, Ariosvaldo de Campos, SALES, Sheila Jorge Selim de. *Crimes de Trânsito na Lei 9503/97*. Belo Horizonte: Del Rey, 1998, p. 220.

34 PAVÓN, Pilar Gómez. *El delito de conducción bajo la influencia de bebidas alcohólicas, drogas tóxicas o estupefacientes*. Barcelona: Bosch, 1985, p. 43. Ver ainda na doutrina nacional no mesmo sentido: JESUS, Damásio Evangelista de. *Crimes de Trânsito*. 5ª ed. São Paulo: Saraiva, 2002, p. 159. LOPES, Maurício Antonio Ribeiro. Op. Cit., p.222. RIZZARDO, Arnaldo. Op. Cit., p. 641.

Sob a égide da Lei 11.705/08 não restava dúvida de que somente a comprovação da referida concentração por meio de exames periciais e testes legalmente previstos ensejaria a responsabilização criminal.

É importante perceber que a questão do motorista sob efeito de álcool tem distinto tratamento no âmbito administrativo e no penal. Na seara administrativa o legislador é mais rigoroso. Impõe a "tolerância zero", dispondo que qualquer concentração de álcool enseja a infração ao artigo 165, CTB pelo motorista (vide art. 276, CTB e art. 1° do Decreto 6.488/08 c/c artigo 6° da Resolução CONTRAN 432/13). Eventuais margens de tolerância devem ser definidas pelo Contran, sendo que, provisoriamente, acatava-se uma margem de tolerância para todos os casos da ordem de um décimo de miligrama por litro de ar expelido dos pulmões (vide art. 1°, §§ 1° a 3°, do Decreto 6.488/08). Relembre-se ainda que a atual Lei 12.760/12 não prevê margem de tolerância no exame toxicológico de sangue, mas tão somente para o teste de aparelho de ar alveolar (atual artigo 276, Parágrafo Único, CTB). Ademais, atualmente a margem de tolerância vem prevista na Resolução Contran 432/13, em seu artigo 6°, II, devendo ser menor que 0,05 mg/l de ar alveolar.

Já no campo penal somente configurava crime, sob a égide da Lei 11.705/08, a conduta daquele que dirigisse sob efeito de álcool, mas com a concentração de 0,6 g/l de sangue ou mais.[35]

---

35 Muito embora concordássemos com a interpretação dominante de que a antiga "influência" de álcool não se atrelava a um determinado grau de concentração, mas devia ser aferida caso a caso, era inegável o fato de que a legislação de trânsito apresentava uma anomalia, sendo mais exigente para a aplicação de uma penalidade administrativa do que para a sujeição de alguém ao calvário penal. Essa distorção foi certamente ajustada pela nova regulamentação então implantada pela Lei 11.705/08. Porém, com o advento da primeira Lei Seca, como veremos no decorrer do texto, o problema passa a ser a funcionalidade do artigo 306, CTB, quanto à Prisão em Flagrante e comprovação da taxa de alcoolemia que se tornou elemento típico. Certamente, como veremos, o melhor caminho seria a correção da antiga distorção, mas mantendo a fórmula da "influência" de álcool com exigência, para configuração do tipo criminal, de provocação de perigo concreto, o que seria dispensável para a infração administrativa. Dessa forma evitar-se-iam as dificuldades de aplicação do tipo penal e, ao mesmo tempo, seria corrigida a distorção legal sobredita, pois a conduta mais grave seria atingida pelo Direito Penal e a menos gravosa restringir-se-ia ao Direito Administrativo. A Lei 12.760/12 veio tentar corrigir os equívocos da Lei 11.705/08, mas o fez, a nosso ver, apenas parcialmente, mantendo alguma confusão na insistência da referência a graus de alcoolemia e concentração de álcool no ar alveolar. Esses problemas serão melhor discutidos ao longo do texto.

Portanto, na conformidade do texto imprimido pela Lei 11.705/08 ao artigo 306, CTB, não bastaria a mera constatação da "influência de álcool", nem mesmo da embriaguez do condutor por outros meios de prova ou até mesmo pelo exame pericial médico-legal clínico. Isso porque em nenhum desses procedimentos é possível aferir o grau de concentração de álcool no sangue, imprescindível para a caracterização da infração em destaque naquela conformação legal.

Para a comprovação de infração ao artigo 306, CTB, devido ao álcool, na forma prevista pela Lei 11.705/08, mister se fazia necessariamente o exame químico-toxicológico de sangue e/ou o teste por aparelho de ar alveolar pulmonar (etilômetro), ou seja, exames e testes que determinam com segurança a taxa de alcoolemia, cujas respectivas equivalências estão definidas no artigo 2°, I e II, do Decreto 6.488/08, nos termos do antigo artigo 306, Parágrafo Único, CTB.[36]

É interessante notar que o discurso de rigor do legislador tão alardeado pela primeira Lei Seca, embora bem aplicado na seara administrativa, não seguiu a mesma senda no âmbito criminal. Afinal de contas, a partir da alteração legal, na verdade, por direção sob efeito de álcool, só era preso em flagrante e, principalmente, condenado, quem quisesse!

Como já mencionado, é notório o conhecimento de que ninguém pode ser compelido a produzir prova contra si mesmo. Assim sendo, os exames e testes sobreditos só seriam realizados se o suspeito decidisse livremente colaborar. Quando ele se negasse, a prova seria impossível, já que ninguém, nem mesmo um médico ou policial mais experimentado, é capaz de determinar taxas de alcoolemia por meio de um mero exame clínico ou de uma simples passada de olhos sobre o suposto infrator. Lembremos que a "tolerância zero" e os meios variados de comprovação da infração previstos nos artigos 276 e 277, CTB, na época da vigência somente da Lei 11.705/08, referiam-se tão somente à infração administrativa do artigo 165, CTB, claramente distinguida pela lei da infração penal do artigo 306 do mesmo diploma.

E mais, com relação à prisão em flagrante, mesmo ante a colaboração do suspeito, esta só seria possível quando fosse procedido o teste do

---

36 As equivalências estabelecidas pelo Decreto 6488/08 são as seguintes: para o exame de sangue: 0,6 g/l de álcool no sangue ou mais; para o exame pelo etilômetro: 0,3 mg/l de álcool no sangue. Note-se que essas mesmas equivalências são hoje repetidas no artigo 306, § 1º, I, CTB, de acordo com a nova Lei 12.760/12.

etilômetro, o qual fornece resultado imediato. No caso de coleta de sangue, mesmo com a autorização do condutor, é sabido que o exame químico-toxicológico demanda procedimentos de pesquisa laboratorial, cujos resultados não são imediatos. Aliás, nem um pouco imediatos. Por vezes passam-se meses para o retorno de um laudo químico-toxicológico.

Dessa forma não era possível, sob o comando da Lei 11.705/08, a Prisão em Flagrante, mesmo que o suspeito autorizasse a coleta de seu sangue, salvo no caso de realização do teste do etilômetro. Naquelas circunstâncias a Autoridade Policial não teria condições de formar seu convencimento seguro para lavratura de um flagrante e, caso o fizesse, seria facilmente relaxado por ser desprovido de um mínimo de lastro probatório ou indiciário (art. 304, § 1°, CPP). Como já exposto antes, como poderia a Autoridade Policial, o Médico-Legista ou qualquer Policial, determinar, sem exames apurados, o grau de concentração etílica? A não ser que houvesse um quadro de profissionais "paranormais" e que esse tipo de prova "esotérica" fosse admitida, tratava-se de uma "missão impossível".

Sob a vigência da redação do artigo 306, CTB imposta pela Lei 11.705/08, a única saída parcial para esse impasse criado pelo legislador seria o aparelhamento dos IMLs para a feitura de exames imediatos e, principalmente, para a divulgação imediata dos respectivos resultados, ainda que fosse por meio de laudos provisórios. Ou, pelo menos, a disponibilização de etilômetros em todas as unidades policiais operacionais da Polícia Civil, Militar, Rodoviária etc. Mesmo assim, como já exposto, a Prisão em Flagrante e a produção da prova ficam a critério da boa vontade do suspeito!

Bom, e como já era de se esperar, nada disso aconteceu. Os IMLs continuam com suas precariedades e lentidões, assim como nem sempre há um etilômetro à disposição. Por isso, como veremos com mais vagar adiante, foi imprescindível o conserto da dicção do artigo 306, CTB pela novel Lei 12.760/12.

Uma hipótese que acontecia antes da alteração legal promovida pela Lei 11.705/08 e era facilmente solucionada através do exame clínico, era a situação em que o suspeito estava em estado de torpor tão intenso, que era incapaz de manifestar-se, inclusive sobre seu assentimento para exames e testes. Com o exame clínico tranquilamente o legista constatava a ebriedade, a anterior "influência de álcool" em estado que gerava perigo potencial na direção de veículo automotor. Mas, e agora, quando, por força da então vigorante Lei 11.705/08, o exame toxicológico e/ou o teste do etilômetro são imprescindíveis? Como poderão ser realizados sem a autorização do investigado?

Parece-nos que essa autorização não poderia ser suprida por ninguém, sendo estritamente pessoal. Nem mesmo um parente próximo ou o próprio advogado do interessado poderiam sobrepor-se à sua vontade.[37] Nestes casos seria impossível aferir a dosagem etílica e se o exame fosse levado a efeito nessas condições a prova seria ilícita, já que não haveria consentimento *válido* do investigado. Talvez a única alternativa que restasse à Autoridade Policial, em um esforço hercúleo para colher a prova, seria aguardar a recuperação razoável do ébrio e somente então, quando ele tivesse condições de fornecer seu consentimento válido, proceder aos exames e testes respectivos. No entanto, poderia ser que nesse momento a prova já se houvesse deteriorado, em face de possíveis intervenções médicas, efeitos medicamentosos etc. Na verdade é quase certo que na maioria dos casos dessa situação a prova seria perdida. Isso sem falar da possibilidade de negativa do suspeito quando de sua recuperação!

Não há outra conclusão a não ser que o legislador foi muito infeliz ao substituir a velha fórmula da "influência de álcool" pela dosagem de 0,6 g/l de álcool no sangue ou mais, tornando o outrora utilíssimo exame clínico praticamente inútil para as situações de suposta embriaguez etílica. Na doutrina e na jurisprudência o debate foi intenso quanto a essa questão e chegaram a surgir esforços no sentido de "salvar" o texto legal da criação de um campo de "anomia", conforme aponta em bem fundamentado parecer o Procurador de Justiça do Distrito Federal, Rogério Schietti Machado Cruz. O autor destaca que a recusa em produzir prova não poderia ter o condão de excluir o crime, de modo que, embora a lei mencionasse a concentração de 0,6 g/l como elementar do tipo, poder-se-ia comprovar a embriaguez independente de testes ou exames

---

[37] A não ser em algumas exceções em que pessoas incapazes são representadas por responsáveis, como por exemplo, crianças, adolescentes e alienados mentais. Mas, nesses casos, estaríamos também tratando de atos infracionais sujeitos à legislação especial (ECA – Lei 8.069/90), ou de condutas de inimputáveis por alienação mental, cujo desfecho seria a absolvição imprópria por reconhecimento de exclusão de culpabilidade.

de alcoolemia, através do simples exame clínico levado a efeito pelo Médico Legista. A tal conclusão se chegaria, mesmo considerando a elementar da taxa de alcoolemia de 0,6 g/l, tendo em conta a "*mens legis*", que seria a de intensificar a repressão da embriaguez ao volante e não de abrandar o tratamento legal da matéria. Ademais, a interpretação dos textos legais deve pautar-se pelo objetivo de conferir-lhes efetividade e preservar a intenção do legislador, que outra não é senão a de "recrudescer o tratamento administrativo e penal da embriaguez ao volante".[38] Não obstante, a realidade é que doutrina e jurisprudência teriam que se desdobrar para contornarem a dicção legal. O legislador bem poderia ter poupado a todos do triste dilema que se descortinou com a redação dada ao artigo 306, CTB pela primeira Lei Seca, qual seja, preservar a legalidade e desproteger em muitos casos concretos o interesse público na segurança do tráfego viário; ou infringir o Princípio da Legalidade para evitar a desproteção do interesse social. Acontece que o dilema era, na verdade, insolúvel, pois que o Princípio da Legalidade é um dos mais relevantes interesses sociais, uma conquista da humanidade que jamais pode ser desprezada ou contornada, de forma que sua distorção para tentar retificar equívocos legislativos pode ser um precedente extremamente perigoso. Talvez seja bom nessas horas lembrar o dito popular de que "um erro não justifica o outro". Se o legislador errou produzindo uma norma claudicante, não devem os operadores e estudiosos do direito oferecer uma muleta manufaturada com um galho da árvore da legalidade, mesmo porque esse primeiro corte pode ensejar a ideia de outros e novas muletas, correndo o risco de derrubar um dia toda a árvore. Muito melhor seria que o próprio legislador, urgentemente, corrigisse seu equívoco. Porém, ele levou mais de quatro anos para editar a Lei 12.760/12, ensejando durante todo esse tempo a manutenção do dilema trágico acima descrito.

Como bem lembra Humberto Ávila, "a questão crucial, ao invés de ser a definição dos elementos descritos pela hipótese normativa, é saber quais os casos em que o aplicador pode recorrer à razão justificativa da regra (*rule's purpose*), de modo a entender os elementos constantes da hipótese como meros indicadores para a decisão a ser tomada, e quais os casos em que ele deve manter-se fiel aos elementos descritos na hipótese

---

38 C.f. CRUZ, Rogério Schietti Machado. Embriaguez ao volante: recusa a produzir prova não exclui crime. Disponível em www.jusnavigandi.com.br, acesso em 31.07.2008.

normativa, de maneira a compreendê-los como sendo a própria razão para a tomada de decisão, independentemente da existência de razões contrárias. Ora essa decisão depende da ponderação entre as razões que justificam a obediência incondicional à regra, como razões ligadas à segurança jurídica e à previsibilidade do Direito, e as razões que justificam seu abandono em favor da investigação dos fundamentos mais ou menos distantes da própria regra. Essa decisão – eis a questão – depende de uma ponderação. Somente mediante a ponderação de razões pode-se decidir se o aplicador deve abandonar os elementos da hipótese de incidência da regra em busca do seu fundamento, nos casos em que existe uma discrepância entre eles".[39] No caso em estudo tratava-se de ponderar entre os valores do respeito ao Princípio da Legalidade ou da segurança do tráfego viário e entre os respectivos desvalores das consequências funestas de uma possível banalização do desprezo pela legalidade em face dos equívocos legislativos e sob o pretexto de suas correções pelo intérprete; e aquele da criação de certo campo de anomia, no qual motoristas ébrios ficariam fora do alcance do Direito Penal. Nessa ponderação, parece que o mais correto era optar pela legalidade, mesmo porque o legislador podia perfeitamente corrigir seus próprios erros, assim como considerando que o interesse da segurança viária não ficava ao desabrigo, pois que no campo administrativo a questão não seria imune à repressão legal, de forma que a alegação da criação de um campo de anomia não condiz com a realidade. Afinal a seara administrativa ainda reprimia como reprime a prática da direção embriagada, mesmo não comprovada a taxa de alcoolemia mencionada no tipo penal. Havia norma que tratava do tema, não havia anomia.

Retomando os ensinamentos de Humberto Ávila, convém considerar que "a decisão individualizante de superar uma regra deve sempre levar em conta seu impacto para a aplicação das regras em geral. A superação de uma regra depende da aplicabilidade geral das regras e do equilíbrio pretendido pelo sistema jurídico entre justiça geral e justiça individual".[40] E não parece desejável que a garantia da legalidade passe a ceder espaço para outros interesses com graves prejuízos à liberdade individual. A generalização da quebra do Princípio da Legalidade não pode ser aceita.

---

39 *Teoria dos Princípios*. 7ª. ed. São Paulo: Malheiros, 2007, p. 57-58.
40 Op. Cit., p. 119.

Seguindo ainda na esteira de Ávila, é preciso manter-se atento às justificativas plausíveis para a superação de uma regra. Para isso é necessário, em primeiro plano, uma "justificativa condizente", a qual "depende de dois fatores": "primeiro, da demonstração de incompatibilidade entre a hipótese da regra e sua finalidade subjacente", sendo necessário indicar a incongruência entre "o que a hipótese da regra estabelece e o que sua finalidade exige". Em segundo lugar, "da demonstração de que o afastamento da regra não provocará expressiva insegurança jurídica". Afinal, as regras são meios usados pelo Legislativo para "eliminar ou reduzir a controvérsia, a incerteza e a arbitrariedade e evitar problemas de coordenação, de deliberação e de conhecimento". Dessa maneira, para que uma regra possa ser superada exige-se "a demonstração de que o modelo de generalização não será significativamente afetado pelo aumento excessivo das controvérsias, da incerteza e da arbitrariedade, nem pela grande falta de coordenação, pelos altos custos de deliberação ou por graves problemas de conhecimento. Enfim, a superação de uma regra condiciona-se à demonstração de que a justiça individual não afeta substancialmente a justiça geral".[41] No caso ora enfocado resta nítido, como bem demonstrado por Rogério Schietti Machado Cruz no trabalho supra citado, que havia uma discrepância entre o teor da regra e os fins colimados pela legislação. No entanto, a satisfação do primeiro passo supra exposto por Ávila não é suficiente para justificar, sozinha, a superação da regra. O segundo requisito, que seria a demonstração de que a superação da regra no caso específico não traria prejuízos significativos à segurança jurídica geral, não era satisfeito. Isso porque o risco da banalização do desprezo pela legalidade no campo penal a fim de pretensamente consertar equívocos ou omissões legislativas é um componente altamente perigoso e pernicioso que representa o desprezo de conquistas seculares e graves riscos à liberdade individual, os quais equivalem à atitude temerária de passar a adotar como critério o sacrifício das garantias no altar "sagrado" da eficácia.

Não se trata de repelir sem mais uma "jurisprudência dos valores" que permita uma hermenêutica que suplante os meros textos literais da lei e se liberte do "formalismo exegético"[42], mas de ter em mente a necessária interpretação restritiva dos textos legais que versam sobre matéria

---
41 Op. Cit., p. 120.
42 DOTTI, René Ariel. Jurisprudência e Direito Penal. *Revista Brasileira de Ciências Criminais*. n. 58, jan.-fev., 2006, p. 196.

penal, em absoluto respeito às garantias individuais e à segurança jurídica imprescindível em qualquer campo do Direito, mas sempre mais intensa nesse aspecto na seara penal.

A adoção de um "substancialismo jurídico"[43] traz sempre consigo o grave defeito de colidir com o "princípio de estrita legalidade", adequando-se facilmente a "sistemas autoritários de direito penal máximo". Ferrajoli traz à colação a fala de Giuseppe Maggiore, datada de 1939. O autor indaga: "Quando se produza um fato novo que seja *substancialmente*, mas não *formalmente* delito, porquanto não esteja incriminado por nenhuma disposição legal, o que fará o Estado?" E responde, contrapondo as atitudes do Estado Liberal e do Estado Totalitário: "O Estado Liberal, frente a uma eventualidade semelhante, permanecerá inerte, paralisado pelo ordenamento jurídico que lhe ordena *nec plus ultra*, e, ainda lastimando a impossibilidade de agir, tolerará que impere a completa impunidade; o Estado Totalitário, ao contrário, ordenará a seus juízes que punam, criando eles a norma que falta".[44] Será que todas as conquistas humanitárias e libertárias devem ceder à retomada de uma tendência totalitária, visando reparar lacunas e equívocos legislativos? Seria aceitável no atual estágio da humanidade a assertiva de Carnelutti de que "não existe nenhuma verdadeira razão pela qual um ato socialmente prejudicial apesar de não expressamente encontrar-se previsto pela lei penal não possa ser punido"?[45] Parece que há sim numerosas razões históricas, éticas e jurídicas para rechaçar essa espécie de pensamento e solucionar os problemas sociais e jurídicos, ainda que à custa de certos sacrifícios, sem lesionar garantias e direitos fundamentais, abrindo espaço para o autoritarismo. Como bem adverte Bechara, o "clima de violência penal" insuflado pela mídia não pode conduzir ao

---

43 O "substancialismo jurídico", em sua versão autoritária, permite acatar a tese de que há certas condutas que são naturalmente criminosas. Haveria, portanto, um conceito material de crime, o qual poderia ensejar a conclusão de que tais condutas, embora não legalmente previstas, poderiam ser, mesmo assim, punidas. A colisão com o Princípio da Legalidade Estrita é nítida e inaceitável num Estado de Democrático de Direito. No Direito Penal Moderno o conceito material de crime somente pode ser aceito como um complemento necessário à previsão formal de condutas como criminosas, de modo que se não há lesão concreta ou ao menos perigo de lesão a bens jurídicos, uma conduta, ainda que formalmente típica, não pode ser punida.
44 FERRAJOLI, Luigi. *Direito e Razão*. Trad. Ana Paula Zomer et al. São Paulo: RT, 2002, p. 302.
45 CARNELUTTI, Francesco. Apud, Op. Cit., p. 302.

"abandono do núcleo principiológico do Direito Penal a tão duras penas conquistado, em prol de um punitivismo retrógrado".[46]

Houve algumas tentativas absurdas de salvar ou consertar os erros do legislador na redação dada ao artigo 306, CTB pela Lei 11.705/08, tais como, por exemplo, o esdrúxulo Parecer da Advocacia Geral da União (Parecer nº 121/2009/AGU/CONJUR/DPRF/MJ)[47] em que se advogava a tese da obrigatoriedade do teste do etilômetro, negando a existência e a necessidade de respeito ao direito de não produzir prova contra si mesmo em solo brasileiro!

Não obstante, prevaleceu o bom senso. Os tribunais pátrios reconheceram que com a redação dada pela Lei 11.705/08 a dosagem alcoólica de 0,6 g/l ou 0,3 mg/l no exame toxicológico e no exame de etilômetro respectivamente, constituíam "elemento do tipo penal", devendo necessariamente ser comprovados (v.g. TJRS, Apelação Criminal, 1ª Câmara Criminal, nº 70025336835, Comarca de Porto Alegre, Rel. Des. Marco Antonio Ribeiro de Oliveira). Mas, essa comprovação não poderia ser feita aviltando e violentando a norma constitucional, internacional e principiológica do *"nemo tenetur se detegere"*. Paradigmático o *"decisum"* proferido pelo STJ no Recurso Especial nº 1.111.566 em que, com sapiência, a Ministra Maria Thereza de Assis Moura afirmou que "se o tipo penal é fechado e exige determinada quantidade de álcool no sangue, a menos que mude a lei, o juiz não pode firmar sua convicção infringindo o que diz a lei". Vale ainda salientar a manifestação contundente e escorreita do Ministro Adilson Macabu: "Se a norma é deficiente, a culpa não é do judiciário".[48]

Dessa forma, sob o império da descrição típica trazida pela Lei 11.705/08, restou somente o recurso do etilômetro como meio de obtenção imediato de prova da dosagem alcoólica. Nesses casos, desde que houvesse consentimento do investigado, realizado o teste, o melhor procedimento seria a juntada do seu resultado aos autos e também a elaboração de uma espécie de prova inominada que seria um "Auto de

---

46 BECHARA, Ana Elisa Liberatori S. "Caso Isabella": violência, mídia e Direito Penal de emergência. *Boletim IBCCrim*. n. 186, maio, 2008, p. 17.
47 Vide inteiro teor no seguinte endereço eletrônico: http://s.conjur.com.br/dl/parecer-agu-etilometro.pdf .
48 STJ – O Tribunal da Cidadania. Disponível em www.stj.jus.br/portal_stj/objeto/texto/impressao.wsp?tmp.estilo=&tmp.area=398&tmp.texto=105218. Acesso em 29.03. 2012.

Constatação", narrando todo o teor da diligência, devidamente firmado pela Autoridade Policial, pelo Escrivão e pelo Policial encarregado da realização do teste. Inclusive no caso de etilômetros que não permitam a impressão do resultado, somente o indicando num visor, o referido "Auto de Constatação" torna-se mesmo imprescindível para a correta instrução dos autos. Nos demais casos, com a possibilidade de impressão do resultado (o que é hoje a regra tecnológica), esse auto pode ser dispensado. Note-se que, conforme será mais adiante aprofundado, com o advento da Lei 12.760/12 o exame toxicológico e o teste do etilômetro não deixaram de ser meios de prova da ebriedade, de modo que continuam válidas as assertivas acima sobre sua documentação e juntada aos autos. Apenas agora eles não são mais os *únicos* meios de comprovação válidos legalmente.

Na eventualidade da realização do teste por meio de etilômetro, não nos parece necessário o concurso de peritos, podendo consistir na prova documental do resultado impresso pelo próprio aparelho e/ou do "Auto de Constatação" acima proposto. Este é um teste legalmente previsto (art. 277, CTB c/c art. 1°, § 3° e art. 2°, II, do Decreto 6.488/08 e artigo 306, I e §§ 2° e 3°, CTB com a nova redação dada pela Lei 12.760/12 e pela Lei 12.971/14, bem como artigos 3°, III; 4°; 6°, II; 7°, II e 8°, III da Resolução Contran 432/13), onde um aparelho homologado pelo Contran faz a medição exata da alcoolemia, sendo prescindível para sua leitura e interpretação conhecimentos técnicos especializados, diversamente do que ocorre, por exemplo, com um exame clínico ou toxicológico. Essa a razão pela qual no decorrer de todo este texto têm sido utilizadas palavras diversas para designar o emprego do etilômetro e a pesquisa toxicológica. Para o primeiro tem-se utilizado a palavra "teste" e para a segunda a palavra "exame". Essa distinção terminológica não é arbitrariamente adotada pelo autor deste trabalho. Baseia-se na própria dicção legal e regulamentar, pois que tanto o artigo 277, *caput*, CTB, como os artigos 1°, § 3° e 2°, II, do Decreto 6.488/08 e atual artigo 306, inciso I e §§ 2° e 3°, CTB com a nova redação dada pela Lei 12.760/12 e pela Lei 12.971/14, bem como a Resolução Contran 432/13, usam as referidas designações distintas para cada caso enfocado, jamais nominando como "perícia" o procedimento com o etilômetro e muito menos exigindo o concurso de "peritos" para a sua realização. Por outro lado, são expressamente denominados como "perícia" os "exames" toxicológico e clínico (vide, por exemplo, artigos 3º, I e II; 5º, I; 6º, I e III; 7º, I, III e IV e 8º, I, todos da Resolução Contran 432/13). Acontece que a prova pericial caracteriza-se pela necessidade de que seu produtor detenha conhecimentos técnicos, científicos, práticos ou artísticos especiais. Na lição de Mittermaier:

"Tem lugar o exame de peritos sempre que se apresentarem na causa criminal questões importantes, cuja solução, para poder convencer o juiz, exija o exame de homens, que tenham conhecimentos e aptidão técnicos e especiais".[49]

Não resta dúvida que o exame clínico e o exame químico-toxicológico do sangue são verdadeiras perícias, dependentes de profissionais que realizam procedimentos para os quais são imprescindíveis conhecimentos especiais. Como assevera Maranhão, "a interpretação do ocorrido em cada caso exige uma análise pericial, que levará em conta as informações do indigitado autor do delito, as circunstâncias que envolvem o fato, os dados processuais e o quadro clínico apurado".[50] Percebe-se facilmente que não é qualquer pessoa que detém capacidade técnico-científica para proceder a uma análise tão ampla e complexa. No dizer de Croce e Croce Júnior, "a embriaguez não se presume; diagnostica-se" ("*ebrietas non presumitur; onus probandi incumbit alleganti*").[51]

O mesmo não se aplica ao teste do etilômetro. Seu procedimento é muito simples e qualquer pessoa com um treinamento básico é capaz de aplicá-lo. A interpretação consiste também em procedimento extremamente despido de dificuldades, bastando a mera leitura do resultado em um visor e/ou impresso e sua comparação com as taxas regulamentar e legalmente estabelecidas. O aplicador do teste nem sequer necessita manusear qualquer material, empregar técnicas laboratoriais especializadas etc., pois que o aparelho procede automaticamente às aferições necessárias. Malgrado isso, o teste com o etilômetro, devido à "estreita correlação entre a concentração de álcool no ar alveolar e no sangue circulante", tem sua eficiência cientificamente aceita e demonstrada.[52]

---

[49] MITTERMAIER, C.J.A. *Tratado da Prova em Matéria Criminal*. 2ª ed. Trad. Herbert Wützel Heinrich. Campinas: Bookseller, 1997, p. 151.
[50] MARANHÃO, Odon Ramos. *Curso Básico de Medicina Legal*. 7ª ed. São Paulo: Malheiros, 1995, p. 378.
[51] CROCE, Delton, CROCE JÚNIOR, Delton. *Manual de Medicina Legal*. 5ª ed. São Paulo: Saraiva, 2004, p. 98.
[52] Op. Cit., p. 100.

Inclusive, um dos poucos aspectos positivos da Lei 12.971/14 foi o fato de deixar claro, pela nova redação dada aos §§ 2º e 3º do artigo 306, CTB, com a inclusão da palavra "toxicológico(s)" ao lado da expressão "teste (s) de alcoolemia", o fato de que são "testes ou exames de alcoolemia" tanto o exame de sangue ou urina como a aferição do ar alveolar pelo etilômetro. Isso é correto porque a discussão anterior que negava a qualidade de exame ou teste de alcoolemia ao etilômetro era equivocada, uma vez que se trata de aferição que tem correlação direta com a concentração de álcool no sangue, embora feita indiretamente por meio do ar alveolar e mediante conversões cientificamente embasadas. Ora, alcoolemia nada mais é do que a concentração de álcool no sangue de uma pessoa, o que pode ser aferido diretamente pelo exame do próprio sangue ou indiretamente pela urina, secreções ou ar alveolar. A questão é sepultada pela Lei 12.971/14, inclusive deixando esclarecido que todos esses são testes ou exames de alcoolemia, praticamente deixando o exame "toxicológico" para a específica situação de ebriedade ocasionada por outras substâncias capazes de alterar a capacidade psicomotora, tais como drogas lícitas ou ilícitas.[53]

Portanto, pode-se dizer com segurança que no caso do teste do etilômetro afasta-se a natureza de prova pericial, considerando o fato de que essa modalidade não está afeta à necessidade de detenção de conhecimentos técnicos, científicos, artísticos ou práticos para sua produção, muito embora não deixe de forma alguma de constituir uma espécie de aferição de alcoolemia. Ora, para a aplicação e interpretação do teste do etilômetro não é necessária nenhuma especialização, podendo ser realizado por qualquer pessoa alfabetizada, com conhecimentos rudimentares de matemática e unidades de medida e dotada do sentido da visão para a leitura dos resultados. É preciso atenção para o fato de que o desenvolvimento tecnológico possibilita, em alguns casos, a substituição do elemento humano, às vezes com certo ganho de agilidade e eficiência. É exatamente o que ocorre com a descoberta do etilômetro e seu emprego hoje disseminado. O aparelho faz todo o trabalho que demandaria a atuação especializada de um homem dotado de conhecimentos técnicos e científicos apurados que dominasse procedimentos

---

[53] Ver para aprofundamento sobre o tema das inovações e equívocos da Lei 12.971/14: CABETTE, Eduardo Luiz Santos. Lei 12.971/14 e suas alterações na parte penal do Código de Trânsito Brasileiro: o ápice da insanidade na legislação pátria. Disponível em www.jusbrasil.com.br , acesso em 09.11.2014.

de pesquisa laboratorial e/ou de exames clínicos. Ele fornece rapidamente o resultado final que pode ingressar no mundo do processo pela forma de prova documental. E não parece restar dúvida de que na conformação da infração penal prevista no artigo 306, CTB, seja na época da Lei 11.705/08, seja agora sob a égide da Lei 12.760/12, esta prova documental será suficiente para comprovar a materialidade.[54]

Sob o regramento da Lei 11.705/08 a lei exigia apenas a direção de automotor com certa taxa de alcoolemia no sangue (0,6 g/l), de modo que não era imprescindível constatar a efetiva embriaguez ou estado perigoso, o qual era presumido nessas condições. Portanto, um simples teste capaz de aferir com segurança científica a taxa de alcoolemia, doravante seria suficiente para prova da materialidade.[55] Com o advento da Lei 12.760/12, essa hipótese continua valendo para o atual inciso I do artigo 306, CTB que divide as alternativas de comprovação da direção de veículo automotor com "capacidade psicomotora alterada em razão da influência de álcool ou de outra substância psicoativa que determine dependência", com o inciso II do mesmo dispositivo.

Prosseguindo a análise do dispositivo enfocado, percebe-se que a Lei 11.705/08 não previu somente a ebriedade etílica na direção de veículos automotores. A exemplo do que já ocorria na redação original do artigo 306, CTB, outras substâncias alteradoras do psiquismo, da coordenação ou da percepção podem também ocasionar a responsabilização criminal daquele que dirija sob a sua influência.

Não obstante, operou-se, com a Lei 11.705/08, uma mudança na redação. Enquanto na sua formulação original o artigo 306, CTB, falava em "substância de efeitos análogos" ao álcool, a primeira Lei Seca usou a designação de "qualquer outra substância psicoativa que determine dependência". Mais uma vez o legislador procurou lapidar a linguagem sob o prisma técnico. A expressão legal abrange todas as substâncias lícitas ou ilícitas capazes de afetar o psiquismo (reflexo, percepção, reação, atenção etc.) e que determinam dependência, não se reduzindo somente às drogas ilícitas tratadas na Lei 11.343/06 (artigos 1°, Parágrafo Único

---

54 Sobre a natureza de prova documental do teste do etilômetro, inclusive fazendo referência ao nosso entendimento, ver posicionamento firmado pelo Tribunal de Justiça de São Paulo em diversas decisões. Um exemplo: TJSP, Apelação n. 990.09.215399-4, Comarca de Bauru, 9ª Câmara Criminal, Rel. Des. Roberto Midolla, 10.12.2009.
55 O tema ora referido será novamente abordado mais adiante neste trabalho.

c/c 66, e Portaria SVS/MS nº 344, de 12 de maio de 1998). Neste ponto não difere a redação dada pela Lei 12.760/12, a qual continua fazendo menção à influência do "álcool" ou "de outra substância psicoativa que determine dependência". Apenas foi retirada a palavra "qualquer", o que não altera consideravelmente o sentido do texto.

Neste tópico da definição das substâncias que se relacionam com o tipo penal estudado o legislador andou bem. Empregou desde a redação original e manteve nas Leis 11.705/08 e 12.760/12 a palavra "álcool", inicialmente referindo-se à "influência", depois (Lei 11.705/08) à "concentração" de 0,6 g/l e agora retomando a influência, sem abandonar também a concentração etílica (Lei 12.760/12), mas não limitou a forma pela qual tais substâncias são introduzidas ou agem no organismo humano. Pavón critica a lei espanhola, propondo uma mudança da redação exatamente porque se empregou a expressão "bebidas alcoólicas", de maneira que a forma de ingestão e o estado físico em que o álcool se encontre limitam por demais o espectro de aplicação da norma penal. A autora propõe a utilização da expressão *"bajo la influencia de substancias alcohólicas"*, a fim de ampliar o campo de abrangência da norma.[56]

Sem dúvida neste ponto foi sempre irrepreensível o legislador pátrio. Inclusive com relação às outras substâncias psicoativas, como já frisado, utilizou-se de expressão bastante abrangente. A mesma autora supramencionada, interpretando a legislação ibérica sobre esse tópico das demais substâncias, lá designadas como *"droga tóxica o estupefaciente"*, aduz que a interpretação deve ser a mais ampla possível, consistindo em *"cualquier substancia capaz de influir de tal manera sobre las condiciones del conductor que pueda poner en peligro la seguridad del tráfico. Es decir, que tengan la potencialidad de poner en peligro el bien jurídico protegido"*.[57]

E o legislador brasileiro foi realmente minucioso neste aspecto. Retornando à questão do álcool, desceu ao detalhe de definir legalmente no artigo 6º, da Lei 11.705/08, o termo "bebidas alcoólicas", considerando-as "as bebidas potáveis que contenham álcool em sua composição, com grau de concentração igual ou superior a meio grau Gay-Lussac". Essa disposição continua válida e útil frente à nova Lei 12.760/12.

---

56 PAVÓN, Pilar Gómez. Op. Cit., p. 35.
57 Op. Cit., p. 38.

Finalmente deve-se mencionar que com relação às demais substâncias psicoativas, tirante o álcool, as Leis 11.705/08 e 12.760/12, mantiveram o anterior critério mais elástico da mera "influência", não estabelecendo níveis de concentração sanguínea como parâmetro. Hoje o inciso I do artigo 306, CTB também somente faz referência às concentrações etílicas e não de outras substâncias, assim como era no anterior *caput* do mesmo dispositivo sob a égide da Lei 11.705/08. Com isso evitou o legislador toda uma série de dificuldades criadas no caso do álcool na época da própria Lei 11.705/08 e já expostas linhas atrás. Portanto, no caso das outras substâncias psicoativas bastará o exame clínico que poderá ser complementado por exames toxicológicos, mas não necessariamente. E isso não é novidade trazida pela nova Lei 12.760/12. Já imperava esse tratamento na época da primeira Lei Seca. Assim, a produção da prova e a formação de indícios mínimos para a convicção de um estado de flagrância, eram muito mais simples e praticáveis nos casos de outras substâncias psicoativas do que no caso do álcool na época da vigência da Lei 11.705/08. Na atualidade, com a normatização disposta pela Lei 12.760/12 não se pode afirmar que haja maior ou menor dificuldade para a comprovação da intoxicação etílica ou por outras substâncias, isso porque a comprovação da alteração psicomotora pode ser feita de duas formas explicitadas nos incisos I e II do § 1º do artigo 306, CTB. Há ainda a hipótese da dosagem alcoólica no inciso I, mas há também a possibilidade de comprovação por outros sinais que indiquem "alteração da capacidade psicomotora". Portanto, atualmente, não estando a comprovação da ebriedade etílica presa aos parâmetros de alcoolemia, mas podendo também ser comprovada por outros meios, não se vislumbra diferença de dificuldade probatória entre o ébrio etílico e outros indivíduos alterados pelo uso de drogas lícitas ou ilícitas. Em ambos os casos a prova pode ser produzida sem necessidade de recurso a testes ou exames de sangue, urina, ar alveolar etc. O que não muda também são os fatos, hoje como ontem a esmagadora maioria dos casos de direção perigosa refere-se ao abuso do álcool.[58]

---

58 Como destacado, não se alterou o tratamento para as demais substâncias psicoativas, afora o álcool. A doutrina que comentava a antiga redação do art. 306, CTB, neste tópico segue valendo. Neste aspecto afirma Rizzardo que a lei não estabeleceu "uma gradação do teor tóxico em que se encontra a pessoa", bastando "a mera conclusão de que está sob tal efeito para se imputarem as penalidades e medidas administrativas previstas no dispositivo". RIZZARDO, Arnaldo. Op. Cit., p. 404. Aliás, conforme já descrito, seguem valendo essas lições agora novamente

Importa destacar que o exame clínico, embora enfraquecido na seara criminal[59] pelas alterações referentes ao álcool promovidas pela Lei 11.705/08, não perdeu, mesmo durante aquele período, em nenhum caso, sua utilidade de forma absoluta. No caso de embriaguez etílica, continuava valendo como prova ancilar aos demais testes e exames. Como visto, seguia íntegro para as situações de influência das demais substâncias psicoativas. E, além disso, jamais se deveria ou deve deixar de submeter o suspeito ao exame clínico pelo médico legista, mesmo que se suspeite de que a ebriedade seja etílica. Isso considerando a hipótese de que o perito médico possa detectar a influência de outras substâncias no caso concreto, possibilitando, por exemplo, uma Prisão em Flagrante ou mesmo uma responsabilização criminal que ficariam prejudicadas pelas corriqueiras dificuldades na produção da prova da taxa de alcoolemia por ocasião da vigência da redação da Lei 11.705/08. Imagine-se um indivíduo que é detido conduzindo um veículo automotor em estado de torpor. No plantão policial se nega ao teste do etilômetro e à coleta de sangue. Aparentemente estaria embriagado por álcool. No entanto, estava, na verdade, sob efeito de drogas ilícitas. Em exame clínico o médico-legista atesta tal estado do suspeito. Sem o exame, sob o império da Lei 11.705/08, ele seria liberado da Prisão em Flagrante e não haveria materialidade sequer para seu indiciamento, processo e muito menos condenação criminal. Não obstante, quanto às demais substâncias psicoativas, as exigências legais eram e são outras e ele poderia ser perfeitamente preso em flagrante e devidamente responsabilizado criminalmente. Atualmente essas orientações são ainda mais importantes, vez que não se restringem à questão da embriaguez por outras substâncias, mas também pelo álcool, com a efetiva revitalização do exame clínico de embriaguez, inclusive etílica pela Lei 12.760/12, de acordo com seu artigo 306, § 1º, II e § 2º, CTB. Hoje a constatação da ebriedade etílica ou por outras substâncias pode ser feita por diversos meios. No caso do álcool continuam sendo válidos os testes e exames de alcoolemia, mas isso não exclui, como ocorria sob a égide da Lei 11.705/08, a utilização de outros meios de prova, dentre os quais o principal é, sem dúvida alguma, o exame clínico levado a efeito por peritos médico-legais.

---

para o álcool também, já que aberta a hipótese do artigo 306, § 1º, II, CTB de acordo com a nova redação dada pela Lei 12.760/12.

59 No âmbito administrativo, por força do art. 277, *caput*, CTB, seguia com plena possibilidade de utilização, inclusive autonomamente na época da Lei 11.705/08 como hoje.

Outro aspecto assume relevo e não pode deixar de ser abordado. Considerando as dificuldades para a aferição da conduta criminosa quando da direção sob efeito de álcool, devido à adoção pelo legislador na época da Lei 11.705/08 do critério restrito da taxa de alcoolemia, indaga-se: quando a Autoridade Policial, após tentar comprovar pelos meios legais a taxa de alcoolemia e isso não fosse possível, optando pelo simples registro do fato e liberação do suspeito porque inviável a Prisão em Flagrante, poderia manter o veículo automotor retido, acaso o condutor fosse legalmente habilitado e o carro estivesse devidamente licenciado e em condições de trafegar? Não comprovada a infração penal tal proceder da Autoridade Policial não seria abusivo?

A resposta certamente é negativa. Se a seara penal estava prenhe de óbices em face à opção legislativa, a nosso ver equivocada, o mesmo não se dava no âmbito administrativo. Nesse campo, como já exposto neste texto, adotou-se a "tolerância zero" para álcool e direção. Qualquer nível de álcool no sangue impedia e impede a condução de automotores, sujeitando o infrator às penalidades e medidas administrativas do artigo 165, CTB (art. 276, CTB c/c art. 1°, do Decreto 6.488/08 e hoje também o artigo 6°, II; 9° e 10° da Resolução Contran 432/13). A presença do álcool também podia e pode ser aferida, para fins administrativos, para os quais não importa a taxa de alcoolemia, de variadas formas previstas no artigo 277 e seu § 2°, CTB, inclusive pelo exame clínico ou até mesmo pela singela constatação do Agente de Trânsito (vide também artigo 6°, I a III da Resolução Contran 432/13).

Nesse quadro é induvidoso que a Autoridade Policial não somente poderia como deveria reter o veículo até que um condutor habilitado e sóbrio comparecesse para levá-lo em segurança (Medida Administrativa prevista no art. 165, CTB). Não é somente a lei que assim impõe, mas a cautela e o bom senso. E tudo isso não se altera em nada com o advento da Lei 12.760/12, inclusive se incrementa, vez que essa nova legislação elimina boa parte das dificuldades, inclusive na seara criminal, para a comprovação do estado de ebriedade do condutor, permitindo e determinando mesmo a apreensão do veículo e retenção da CNH nessas situações de periculosidade para a segurança do trafego viário, o que é reforçado pelos artigos 9° e 10°, da Resolução Contran 432/13.

No início dos comentários acerca da nova redação do artigo 306, CTB, foi feita referência ao fato de que a Lei 11.705/08 operou mudanças profundas no dispositivo, chegando a alterar a própria natureza da infração penal. É chegado o momento de esclarecer qual o sentido dessa afirmação:

Em sua redação original o crime do artigo 306, CTB, foi considerado, predominantemente, como um delito de perigo concreto.

Não obstante, a matéria não era isenta de controvérsias. Afiliavam-se à tese do perigo concreto Luiz Flávio Gomes, Ariosvaldo de Campos Pires, Sheila Jorge Selim de Sales, Cezar Roberto Bitencourt e Vicente Cernicchiaro.[60] De outra banda, defendiam a tese do perigo abstrato, Luiz Otávio de Oliveira Rocha[61] e Arnaldo Rizzardo.[62] Havia inclusive quem defendesse a hipótese do crime de lesão ou de dano, conforme escólio de Fernando Capez, Victor Eduardo Rios Gonçalves[63] e Damásio Evangelista de Jesus.[64]

A polêmica se enredava em torno da frase que encerrava a descrição típica: "expondo a dano potencial a incolumidade de outrem".

A conclusão pelo perigo concreto se impunha em razão dessa frase que exigia a caracterização de um perigo real, aferível em cada caso submetido à análise. Mas, aqueles que defendiam a tese do perigo abstrato insistiam que o só fato de alguém dirigir embriagado já ensejava perigo que podia ser presumido, tratando-se a frase final do artigo de mera verborragia estéril.

Embora, como se verá mais adiante, concordemos com o fato de que é inegável o perigo que decorre da direção embriagada, era na época difícil sustentar a tese do perigo abstrato. Fosse como fosse, o legislador estava míope para a realidade do perigo óbvio de qualquer direção sob efeito de álcool ou drogas e exigia literalmente a comprovação casuística de perigo. Isso é característico dos crimes de perigo concreto, já que nos crimes de perigo abstrato não há menção "de perigo no tipo" ao contrário dos primeiros. Nos crimes de perigo abstrato não se "menciona o perigo entre seus elementos, mas se limita a definir uma ação perigosa, pois entende que o surgimento do perigo deduz-se da realização de uma

---

60 Apud, JESUS, Damásio Evangelista de. *Crimes de Trânsito*. 5ª ed. São Paulo: Saraiva, 2002, p. 165.
61 Apud, Op. Cit., p. 166.
62 *Comentários ao Código de Trânsito Brasileiro*. 4ª ed. São Paulo: RT, 2003, p. 642.
63 *Aspectos criminais do Código de Trânsito Brasileiro*. 2ª ed. São Paulo: Saraiva, 1999, p. 43.
64 Op. Cit., p. 166.

ação com certas características".⁶⁵ Como o antigo tipo penal descrevia em seu bojo o perigo exigido para sua configuração, era inviável concluir que não fosse um crime de perigo concreto.

Quanto à alegação de tratar-se de um "crime de dano", a doutrina burilou um bem jurídico supra-individual, apontando-o como aquele lesado por quem dirigisse embriagado. Tal bem jurídico seria a "segurança viária". Este bem jurídico não seria simplesmente posto em risco, mas atingido efetivamente quando uma pessoa conduz veículo automotor nas vias públicas sob efeito de álcool ou de outras substâncias psicoativas. Entretanto, também para esse pensamento seria necessário demonstrar "*in concreto*" a lesão à "segurança viária" produzida pelo condutor ébrio.⁶⁶

Pensamos que a questão ontem e hoje deve ater-se à decisão entre o perigo concreto e o abstrato. O forjar de um bem jurídico coletivo como a "segurança viária" surge como um elemento artificial e "*ad hoc*" para legitimar a chamada "tutela penal antecipada", típica do "Direito Penal de Risco", a que a doutrina alemã denominou de "criminalização em âmbito prévio".⁶⁷

Neste estágio parte-se para o reconhecimento de "novos e universais interesses", cuja definição é "vaga e superficial",⁶⁸ visando afastar a pecha da criminalização exacerbada do perigo abstrato. Mas, na realidade, trata-se de disfarçar a legitimação reflexa da criação descontrolada de tipos penais de mera conduta e de perigo abstrato, procurando-se manter uma aura de pseudogarantismo.

Greco chama a atenção para o fato de que esta tem sido a proposta de boa parcela de nossa doutrina "garantista", sem que se perceba que "no final das contas, acabou-se por legitimar, da mesma forma, a antecipação do direito penal. Só que no caso dos crimes de perigo abstrato, antecipa-se a proibição; no bem jurídico coletivo, antecipa-se a própria lesão".⁶⁹

---

65 SILVEIRA, Renato de Mello Jorge. *Direito Penal Supra-Individual*. São Paulo: RT, 2003, p. 97.
66 CAPEZ, Fernando, GONÇALVES, Victor Eduardo Rios. Op. Cit., p. 43.
67 SILVEIRA, Renato de Mello Jorge. Op. Cit., p. 121-122.
68 Op. Cit., p. 123.
69 GRECO, Luís. Princípio da ofensividade e crimes de perigo abstrato – Uma introdução ao debate sobre o bem jurídico e as estruturas do delito. *Revista Brasileira de Ciências Criminais*. n. 49, jul./ago., 2004, p. 112-113.

Ao menos os crimes de perigo abstrato têm a virtude da transparência, não ocultando a efetiva antecipação do Direito Penal,[70] razão pela qual, com o devido comedimento, é melhor a adoção deles em certos casos e o seu reconhecimento, do que sua ocultação através de subterfúgios que falseiam o diagnóstico do modelo de Direito Penal instituído.

Essa velha discussão ganhou novo impulso com a alteração promovida pela Lei 11.705/08 na redação do artigo 306, CTB.

Em sua nova conformação o tipo penal em destaque não estampava a exigência de "exposição a dano potencial" outrora vigente. Era criminalizada a mera conduta de conduzir veículo automotor, na via pública, "estando com concentração de álcool por litro de sangue igual ou superior a 6 decigramas, ou sob a influência de qualquer substância psicoativa que determine dependência". Aboliu-se a literalidade da exigência de perigo concreto, de modo que a mera condução de veículo automotor nas condições descritas no tipo penal fosse suficiente para sua configuração. O perigo agora se deduzia da concentração de álcool no sangue ou da influência de outra substância psicoativa.

Diante daquele novo quadro legislativo propiciado pela Lei 11.705/08, impôs-se o reconhecimento de que o artigo 306, CTB, descrevia *crime de perigo abstrato*. Mesmo que uma pessoa fosse surpreendida dirigindo normalmente, mas sob efeito de álcool, por exemplo, em taxa superior à tolerada para fins penais, ela incidiria na prática criminosa. A infração se perfazia somente pela condução nas condições descritas no tipo penal.[71]

O repúdio à disseminação de crimes de perigo abstrato é de todo justificável, uma vez que eles trazem consigo o risco de um indevido agigantamento do Direito Penal provocado por uma terrível pretensão de controle social milimétrico que tolhe a liberdade e a dignidade humanas.

Por isso doutrinadores como Luiz Flávio Gomes não cogitam a admissão de crimes de perigo abstrato no seio de um ordenamento jurídico moderno. Para o autor, mencione ou não o legislador em dado tipo

---

70 Op. Cit., p. 113.
71 Neste sentido: MARCÃO, Renato. Embriaguez ao volante, exames de alcoolemia e teste do bafômetro. Uma análise do novo art. 306, *caput*, da Lei 9.503/1997 (Código de Trânsito Brasileiro). Disponível em www.jusnavigandi.com.br , acesso em 11.07.2008. "O crime, agora, é de *perigo abstrato*; presumido".

penal a necessidade de perigo concreto, esta se faz presente, ainda que tacitamente, em estrito respeito ao Princípio da Ofensividade. Portanto, "todo tipo penal que descreve um perigo abstrato deve ser interpretado na forma de perigo concreto". Por essa razão o autor em destaque entendia que, mesmo na conformação dada pela Lei 11.705/08, o artigo 306, CTB, descrevia um "crime de perigo concreto indeterminado", para cuja configuração seria impositivo comprovar "risco efetivo para o bem jurídico coletivo segurança viária".[72] No entender de Gomes, o fato de dirigir embriagado somente não servia para configurar o tipo penal, sendo imprescindível demonstrar que o condutor dirigia de forma anormal (descontrolado, contramão etc.).

Há que se concordar que a criação arbitrária pelo legislador de infrações penais para condutas que não lesam nem criam perigo a bens jurídicos é inadmissível. Mas, também não se pode deixar de reconhecer que há condutas que por si sós representam perigo a bens jurídicos, dispensando a análise casuística por sua notoriedade. Parece-nos que esse é o atual limite estreito de admissibilidade dos chamados "crimes de perigo abstrato", na falta de melhor terminologia.[73]

Será que alguém ainda tem dúvida de que dirigir sob efeito de álcool ou de substâncias psicoativas é perigoso?

Comprovada a embriaguez ao volante, é ainda necessário provar que havia perigo concreto? Esse perigo é *fato notório*, comprovado estatisticamente pelos milhares de casos de acidentes de trânsito com prejuízos para a vida, a integridade física, a saúde e o patrimônio de uma infinidade de pessoas.

Pugnar pela necessidade de comprovação casuística de perigo é partir de uma *falsa premissa*, qual seja: a de que há índices ou condições seguras para conduzir veículos automotores sob efeito de álcool ou de substâncias psicoativas. Tal assertiva não se sustenta cientificamente e não retrata o tratamento dado ao caso pelo próprio CTB em sua parte administrativa, quando estabelece o impedimento para a condução sob qualquer concentração de álcool no sangue ou sob influência de outras substâncias psicoativas (artigo 165, CTB; artigo 276, CTB e artigo 1°, do

---

72 Reforma do Código de Trânsito (Lei n. 11.705/2008): novo delito de embriaguez ao volante. Disponível em www.jusnavigandi.com.br , acesso em 04.07.2008.
73 Talvez uma proposta inovadora terminologicamente pudesse ser a de "crimes de perigo notório, evidente ou patente".

Decreto 6.488/08, bem como artigo 6º, II da Resolução Contran 432/13). Frise-se que não se trata propriamente de uma presunção legal de perigo, mas da constatação de um *fato notório* quanto ao real perigo da situação em geral, independente de uma análise minuciosa de cada caso concreto.

Por mais que se queira, não há margens seguras para ebriedade e direção de automotores nas vias públicas. Isso é *fato notório* que independe de prova, nos termos do artigo 334, I, CPC, extensivo por integração ao Processo Penal. Como aduz Mirabete, os "fatos notórios" independem de prova "(*notoria non egent probatione*)". Eles são "aqueles cujo conhecimento integra a cultura normal, a informação dos indivíduos de determinado meio".[74] E é impossível pensar que em nosso meio possa existir alguém que desconheça o perigo óbvio de dirigir sob efeito de álcool ou de outras substâncias psicoativas.

Em seus comentários aos crimes do Estatuto do Desarmamento, Capez afirma a necessidade de respeito ao Princípio da Ofensividade, mas reconhece a existência de certas condutas que "por si sós, já induzem à existência de risco à coletividade", pois nada impede que haja uma lesividade "ínsita em determinados comportamentos".[75] Vale registrar suas palavras:

"Em suma, entendemos que a ofensividade ou lesividade é um princípio que deve ser aceito, por se tratar de princípio constitucional do direito penal, diretamente derivado do princípio da dignidade humana (CF, art. 1º, III). Sua aplicação, no entanto, não pode ter o condão de abolir totalmente os chamados crimes de perigo abstrato, mas tão somente temperar o rigor de uma presunção absoluta e inflexível. A ofensividade deve ser empregada para afastar as hipóteses de crime impossível, em que o comportamento humano jamais poderá levar o bem jurídico a lesão ou a exposição a risco de lesão".[76] E certamente não é essa situação de crime impossível que ocorre com relação ao perigo provocado por aquele que dirige automotores sob efeito de álcool ou drogas no trânsito viário.

Conclui-se, portanto, que em face da redação dada pela Lei 11.705/08, que excluiu a exigência literal da produção de "dano poten-

---

74 MIRABETE, Julio Fabbrini. *Processo Penal*. 18ª ed. São Paulo: Atlas, 2006, p. 251.
75 CAPEZ, Fernando. *Curso de Direito Penal*. Volume 4. 2ª ed. São Paulo: Saraiva, 2007, p. 324.
76 Op. Cit., p. 325.

cial" à incolumidade de outrem, o crime de embriaguez ao volante passou a se configurar pela mera conduta de dirigir veículo automotor na via pública nas condições descritas no tipo penal, o que o torna um *crime de perigo abstrato*, utilizando-se essa terminologia por tratar-se daquela que melhor descreve o tratamento que deve ser dado ao caso. Entretanto, não se trata propriamente de presumir um perigo, mas de reconhecer a situação clara e evidente de perigo que constitui a direção sob efeito de álcool ou de substâncias psicoativas, fruto da experiência cotidiana do trânsito, de critérios científicos e das estatísticas contundentes sobre acidentes de trânsito. Talvez uma melhor designação seja como um "crime de perigo notório, evidente ou patente".

A opção legislativa em estudo não viola o Princípio da Ofensividade porque trilha o estreito caminho reservado ao perigo abstrato no Direito Penal Moderno, apenas reconhecendo o óbvio fato de que dirigir automotores na via pública sob efeito de drogas ou álcool é uma conduta intrinsecamente perigosa, a qual não demanda maiores perquirições. Comprovar o perigo de tal conduta casuisticamente seria exigir a demonstração do evidente, do manifesto, do patente, o que, quando não reflete obtusidade, só pode alimentar o cinismo. Afinal, a própria lei e o bom senso nos apontam que "não dependem de prova os fatos notórios".

A doutrina e jurisprudência consolidadas durante a vigência da Lei 11.705/08 tenderam ao reconhecimento do crime de perigo abstrato. Nesse diapasão, manifestou-se o Tribunal de Justiça de Minas Gerais, afirmando que "é induvidoso que após a alteração do referido dispositivo, introduzida pela Lei 11.705/2008, se tem uma infração de perigo abstrato e, não menos certo é que os riscos que a envolvem já se tornaram bastante conhecidos de todos, sendo notório que significativa parcela do enorme número de acidentes automobilísticos de que se tem registro estatístico, em nosso país, é devida à condução de veículos por pessoas embriagadas".[77] Igualmente se manifestou o Tribunal de Justiça de São Paulo, aduzindo que "o artigo 306 da Lei 9.503/97, segundo entendimento jurisprudencial, cuida de crime de perigo abstrato (RJTJ – vol. 349, p. 769). O simples fato do agente dirigir veículo sob a influência de álcool já o tipifica, prescindindo-se de juízo concreto. Trata-se de crime de mera conduta, de sorte que, para sua configuração, basta que

---

77 TJMG, Apelação Criminal n. 1.0040.08.083038-9/001 – Comarca de Araxá, Rel. Des. Adilson Lamounier, 26.01.2010.

o motorista dirija veículo em estado de embriaguez alcoólica, expondo terceiros a dano em potencial".[78] Na mesma senda segue o STJ e em decisão proferida em *Habeas Corpus* de relatoria da Ministra Laurita Vaz, inclusive com referência ao nosso escólio, confirma tratar-se o artigo 306, CTB, sob a égide da Lei 11.705/08, de crime de perigo abstrato. Apontando outros precedentes no mesmo sentido afirma:

"O crime do art. 306 do Código de Trânsito é de perigo abstrato, pois no tipo penal em questão há somente descrição da conduta de conduzir veículo sob a influência de álcool, acima do limite permitido, sendo desnecessária a demonstração da efetiva potencialidade lesiva da conduta".[79]

Finalmente importa mencionar que também o STF se manifestou pela tese do perigo abstrato, considerando a redação dada ao artigo 306, CTB pela Lei 11.705/08. A 2ª Turma do STF, julgando o HC 109.269, Araxá – MG, negou-lhe provimento por unanimidade. Lembrando precedente da Ministra Ellen Gracie, o Relator Ministro Ricardo Lewandowski afirmou ser irrelevante apurar se o agir do condutor ébrio chegou a atingir efetivamente ou não algum bem jurídico porque o crime é de perigo abstrato, inexigindo perigo concreto e muito menos lesão. Tal como se faz neste texto, o Ministro Relator procede a uma correlação com os crimes do Estatuto do Desarmamento. Em suas palavras: "É como o porte de armas. Não é preciso que alguém pratique efetivamente um ilícito com emprego da arma. O simples porte constitui crime de perigo abstrato porque outros bens estão em jogo. O artigo 306 do Código de Trânsito Brasileiro foi uma opção legislativa legítima que tem como objetivo a proteção da segurança da coletividade".

Resta agora saber o que efetivamente mudou no artigo 306, CTB com o advento da nova redação dada pela Lei 12.760/12. Será que toda a polêmica causada pela infeliz dicção trazida à tona pela Lei 11.705/08 pode ter um fim? Surgem novas indagações? Renovam-se antigas discussões? É o que veremos a seguir.

Há uma nítida mudança estrutural do artigo 306, CTB em termos de técnica legislativa. Pela pena do legislador de 2008 o dispositivo se compunha de um *caput* e um Parágrafo Único. No *caput* estava descri-

---

78 TJSP, Recurso em Sentido Estrito n. 004796 – 41.2009.8.26.0318, Comarca de Leme, 13ª Câmara de Direito Criminal, v.u., Rel. San Juan França, 28.07.2011.
79 STJ, HC 175.385 – MG (2010/0103018-8), 5ª Turma, Rel. Min. Laurita Vaz.

ta a conduta criminosa consistente simplesmente em "conduzir veículo automotor, na via pública, estando com concentração de álcool por litro de sangue igual ou superior a 6 decigramas, ou sob a influência de qualquer outra substância psicoativa que determine dependência". Por seu turno, o Parágrafo Único estabelecia que o Poder Executivo Federal iria estipular a equivalência entre distintos testes de alcoolemia, para fins de caracterização do crime.

Como já foi exposto no decorrer deste trabalho essa redação dada pela Lei 11.705/08 abandonou a anterior que fazia referência à direção sob "influência" de álcool ou de outras substâncias análogas, gerando perigo de dano. Uma reviravolta foi criada pelo legislador. Por um lado, como era a intenção da então denominada "Lei Seca" (primeira), atuou de forma a ser mais enérgico com a direção perigosa sob efeito de álcool ou outras substâncias. Isso é dito porque o crime anterior, de perigo concreto, foi convertido em infração de perigo abstrato, conforme amplamente reconhecido pela doutrina e jurisprudência, embora não sem discussão. Mas, de outra banda, com a redação inovadora da época, a Lei 11.705/08 criou um campo de impunidade ao estabelecer que a direção perigosa por abuso de álcool somente seria comprovada por meio da constatação da concentração de 6 decigramas de álcool por litro de sangue ou exame de aparelho de ar alveolar com equivalência respectiva (3 décimos de miligrama por litro de ar expelido dos pulmões). Ao erigir a concentração etílica em elemento do tipo o legislador fez com que o dispositivo ficasse sob o controle não das agências estatais de repressão e prevenção, mas do próprio infrator. É que foi olvidado o Princípio da não-autoincriminação em mais uma amnésia jurídica do Congresso Nacional, conforme já desenvolvido no presente texto. As tentativas de recuperar a funcionalidade do tipo penal foram frustradas e justamente frustradas porque sua validação com a obrigatoriedade do teste ou o desprezo do elemento do tipo seria um terrível golpe em Princípios Constitucionais tais como o Direito à não-autoincriminação e a Legalidade.

É nesse contexto que surge a iniciativa do legislativo de aprovar a Lei 12.760/12 a fim de consertar pelos meios adequados os equívocos cometidos na edição da Lei 11.705/08. O intento óbvio é retomar a técnica anterior em que não se fica atrelado a uma concentração de álcool no sangue ou no ar alveolar, mas a comprovação do estado perigoso na direção de automotores pode ser produzida por outros meios legais, com especial destaque para a prova pericial do exame clínico. Isso porque esta é uma prova conclusiva e forte com respeito à qual o indivíduo não tem como se negar a colaborar, já que sua realização independe mesmo de sua colaboração. Trata-se de um exame levado a efeito externamente por perito médico-legista e totalmente independente de colaboração do suspeito, onde não vige, portanto, a questão da não-autoincriminação.

A verdade é que no que diz respeito à parte criminal referente à embriaguez ao volante, a Lei 11.705/08 bem poderia ter sido apenas um pesadelo jurídico do qual todos acordássemos e, com aquele alívio peculiar, víssemos à nossa cabeceira o velho Código de Trânsito Brasileiro de 1997 sem qualquer alteração no artigo 306. A iniciativa de 2008 foi uma das maiores trapalhadas do Congresso Nacional.

Bem, para corrigir essa confusão a Lei 12.760/12 alterou inclusive a estrutura técnico-legislativa do artigo 306, CTB. Ele agora não se compõe somente de um *caput* e um Parágrafo Único. Há um *caput*, onde a conduta criminosa é descrita com os seguintes dizeres:

"Conduzir veículo automotor com capacidade psicomotora alterada em razão da influência de álcool ou de outra substância psicoativa que determine dependência".

Observe-se que o *caput* deixa de fazer referência a quaisquer níveis de concentração etílica. Passa a ser crime o simples fato de dirigir sob a "influência" de álcool ou de outra substância psicoativa que determine dependência, estando com a capacidade psicomotora alterada. Com uma dicção mais sofisticada o legislador tenta disfarçar a vergonha de ter de retomar a antiga redação de 1997 do artigo 306, CTB. Na verdade, é isso mesmo, retomou-se a sistemática da velha, simples e boa "influência" de álcool ou outras substâncias, sem necessidade nenhuma de referência a índices de alcoolemia que somente trouxeram dificuldades, senão inviabilidade em determinados casos, de aplicação do dispositivo.

Outra mudança já citada neste texto foi a exclusão da necessidade de que a conduta se processe na "via pública", passando agora a abranger também a direção em áreas privadas. Como já visto anteriormente essa conclusão não pode ser considerada definitiva e não deve contar com acatamento unânime na doutrina e na jurisprudência, tendo em vista o disposto no artigo 1º, CTB que faz referência à sua aplicação às vias terrestres do território nacional "abertas à circulação". Isso pode levar alguns a defender a tese de que, embora não havendo indicação no tipo penal, naturalmente toda conduta prevista no CTB se refere às vias públicas. Entretanto, isso deixaria sem explicação o fato de que na parte criminal em alguns casos o legislador diz expressamente que a conduta deve ser perpetrada na via pública e em outros casos não. Por isso, entendemos que deva prevalecer a tese de que a partir da nova Lei Seca a direção embriagada passa a ser crime seja em área particular, seja em área pública, tudo dependendo apenas da avaliação do caso concreto sobre a existência de perigo na conduta do condutor.

Sinceramente, o legislador poderia ter parado por aí, simplesmente retomando a sistemática de 1997, com seu pequeno disfarce para não passar muita vergonha. Mas, ele não se contentou. Quis incluir agora na estrutura tipológica três parágrafos e dois incisos, os quais já começam a gerar controvérsias desnecessárias.

O § 1º, incisos I e II é diretamente ligado ao *caput*. Esses dispositivos legais estabelecem como se constatará a alteração da capacidade psicomotora devido à influência de álcool ou demais substâncias mencionadas no *caput*. Segundo a normativa enfocada tal constatação se dará por duas vias *alternativas*. É preciso ressaltar sempre que os incisos I e II são ligados pela conjunção alternativa "ou", de modo que devem ser interpretados separadamente, sem qualquer necessidade de integração a não ser diretamente com o *caput*. Ou seja, não há necessidade, para a comprovação da alteração da capacidade psicomotora, que o agente incida nos incisos I e II, mas sim que incida no inciso I "ou" no inciso II. É claro que se houver no caso concreto incidência dupla, tanto melhor, mas isso não é exigível e muito menos imprescindível para a caracterização do crime.

Calejado pela triste experiência da Lei 11.705/08 o legislador na nova Lei Seca, embora tenha voltado a mencionar índices de alcoolemia para aferição da alteração da capacidade psicomotora no inciso I, reservou o inciso II para tratar de outros sinais também capazes de indicar a mesma alteração.

Doravante a constatação da dita alteração da capacidade psicomotora poderá ser aferida por exames e testes de alcoolemia nos termos do inciso I, que indiquem "concentração igual ou superior a 6 decigramas de álcool por litro de sangue ou igual ou superior a 0,3 miligrama de álcool por litro de ar alveolar". É crime dirigir com a capacidade psicomotora alterada por álcool ou outras substâncias, mas como se afere isso? Diz o § 1º, inciso I: através de exames e testes de alcoolemia que indiquem os índices legalmente previstos. Em resumo, por meio de testes e exames de alcoolemia temos a mesmíssima sistemática então vigente quando inalterada a antiga redação dada ao dispositivo pela Lei 11.705/08. Mudou-se apenas a forma, mas o conteúdo é idêntico. Por isso, com base em toda a experiência antecedente e manifestações jurisprudenciais e doutrinárias a respeito, entendemos que na modalidade de constatação de índice de alcoolemia acima do legalmente permitido o crime segue como de perigo abstrato, nada se modificando. Observe-se que o *caput* continua como dantes não fazendo qualquer menção expressa à necessidade de perigo concreto, não há como havia antes da Lei 11.705/08, a exigência de que a conduta do agente fosse informada por perigo potencial. Como já frisado neste trabalho, é lição sabida e consabida da doutrina que os crimes de perigo concreto descrevem no tipo a exigência desse perigo, o que não ocorre na hipótese do artigo 306, § 1º, I, CTB. Na verdade, há nesse caso a antiga presunção de perigo quando o indivíduo dirige sob efeito de álcool acima das taxas legalmente estabelecidas. Melhor dizendo, não se trata nem mesmo de uma presunção, mas de uma constatação fática, de um "fato notório", de conhecimento científico e geral, qual seja, o indivíduo que dirige sob efeito de álcool causa perigo, isso é indiscutível. O crime não é nem de perigo abstrato, mas mais especificamente de "perigo notório". Aliás, administrativamente, isso é assumido de acordo com as claras noções médicas sobre o tema, proibindo-se qualquer concentração etílica e direção de automotores. Não há índices seguros de álcool no sangue para direção veicular. Os índices explicitados na parte penal somente fazem o trabalho de separar o ilícito penal (mais grave) do ilícito administrativo (menos grave), mas em ambos os casos há ilicitude na direção sob efeito de álcool, seja acima dos patamares previstos, gerando crime, seja abaixo, ensejando responsabilidade administrativa. As eventuais margens de tolerância citadas para efeito administrativo não indicam a existência de graus seguros de alcoolemia para direção de automotores, mas apenas situações em que o índice é desprezível conforme indicações médicas e também levando em consideração a margem de erro do exame (Vide Anexo I da Resolução Contran 432/13). São situações em que, na realidade, a pessoa não estará com uma taxa significativa de álcool no sangue, segundo critérios médicos e técnicos. Qualquer outra alegação, como, por exemplo, de que determinada pessoa pode dirigir sob efeito de dois copos de cerveja ou um copo de vinho, uma dose de uísque etc., não passa de "conversa de botequim". O fato é que não há índices seguros de álcool e direção. Não cabe ao indivíduo decidir se está ou não em condições de dirigir após beber, a questão não pode migrar do "objetivo" para o "subjetivo". Os índices de alcoolemia expostos pelo legislador desde a Lei 11.705/08 e ora repetidos não são trazidos ao campo jurídico aleatoriamente, mas têm fulcro em conclusões científicas a respeito da questão da influência do álcool nos reflexos, na capacidade de ação e reação, enfim, na capacidade psicomotora do indivíduo. São critérios científicos objetivos que jamais podem ser postos em discussão com base na subjetividade. É certo que o conhecimento científico não pode ser admitido como a única fonte do saber. Isso tem realmente sido denunciado como um ranço supersticioso do Positivismo do Século XIX.[80] Mas, daí a concluir que as constatações cientificamente embasadas podem ser postas à prova ou refutadas por um bêbado que se julga "piloto" é jogar por terra todo e qualquer critério epistemológico ou de filosofia da ciência, de modo a dar calafrios mesmo num autor como Popper para quem a refutabilidade é característica imprescindível a toda teoria com pretensões científicas.[81]

Em suma, é crime, segundo a nova redação da Lei 12.760/12, dirigir automotor sob influência de álcool de modo a estar com a capacidade psicomotora alterada. E essa alteração é constatada mediante a verificação por exame toxicológico de sangue e/ou teste de etilômetro, de concentração de álcool no sangue acima de 6 decigramas por litro ou acima de 0,3 miligramas por litro de ar alveolar. Constatadas essas concentrações, conclui-se que o agente estava com a capacidade psicomotora alterada, isso não por simples presunção, mas por constatação científica que torna esse fato notório, independendo o perigo da situação de outras provas.

---

80 PRIGOGINE, Ilya, STENGERS, Isabelle. *A nova aliança: a metamorfose da ciência*. Brasília: UNB, 1986, "passim". HENRY, Michel. *A Barbárie*. Trad. Luiz Paulo Rouanet. São Paulo: É Realizações, 2012, p. 49. GUILLEBAUD, Jean-Claude. *A força da convicção – Em que podemos crer?* Trad. Maria Helena Kühner. Rio de Janeiro: Bertrand Brasil, 2007, p. 129.
81 POPPER, Karl. *A lógica da pesquisa científica*. Trad. Leônidas Hegenbert e Octanny Silveira da Mota. 9ª. ed. São Paulo: Cultrix, 2001, "passim".

É claro que essa posição ora defendida neste trabalho não será pacífica, como não o foi no caso do debate antecedente sob a égide da Lei 11.705/08. Haverá quem defenda a necessidade de perigo concreto a ser comprovado, ainda que diante da concentração de álcool acima da legalmente permitida. Aliás, já há manifestações neste sentido em meio à incipiente doutrina que se vai erigindo. Veja-se, por exemplo, o escólio de Luiz Flávio Gomes, para quem o crime do artigo 306, CTB sempre foi e sempre será de perigo concreto, dependendo de prova em cada caso, além da constatação de alcoolemia. O autor, como já referido neste trabalho, é frontalmente contrário a qualquer crime de perigo abstrato. Considera Gomes que essas incriminações são inconstitucionais em sua origem por violação do Princípio da Ofensividade. É claro que para autores com essa linha de pensamento é indiscutível que qualquer crime de perigo somente pode ser concreto.[82]

Inobstante a respeitável linha de pensamento, como também já exposto neste texto, discorda-se desse posicionamento, pois que há sim condutas que já trazem em si, independente de maiores pesquisas, um perigo à coletividade. Os crimes de perigo abstrato não podem ser criados e usados pelo legislador de forma incontrolada, mas têm sim seu âmbito de validade e legitimidade, especialmente quando esse perigo que se trata como "abstrato" é, na realidade, "de notório conhecimento". Não se discorda, portanto, que o abuso dos crimes de perigo abstrato com antecipação de tutela criminal pode ser uma manifestação de um Direito Penal autoritário que atenta contra a liberdade e a dignidade humanas de forma injustificada. Mas, a conclusão de que um crime de perigo abstrato é inconstitucional não pode ser obtida de forma apriorística, sem análise do tipo penal concreto e suas repercussões sociais.

O que ocorre com a defesa apriorística do perigo abstrato como inconstitucional é que aqueles influenciados por esse pensamento tendem a deslocar a discussão, que é de nível constitucional e principiológico, para a interpretação de tipos penais previstos obviamente em legislação ordinária. Partindo da premissa de que um crime de perigo abstrato é inconstitucional, então se distorce de qualquer forma possível a interpretação da legislação penal ordinária para fazer, a qualquer custo, que um crime determinado apareça como de perigo concreto, quando, na verdade, sua redação é claramente voltada para o perigo abstrato.

---

82 Cf. GOMES, Luiz Flávio. 6 Decigramas de álcool já significam crime? Ou não? Disponível em www.jus.com.br , acesso em 29.12.12.

É exatamente o que se tem pretendido em algumas manifestações sobre o novo artigo 306, § 1º, I, CTB. Faz-se questão de não enxergar, numa verdadeira "cegueira voluntária", a *conjunção alternativa "ou"* que permeia os incisos I e II do referido § 1º. Esse "ou", deixa claro que a comprovação da alteração da capacidade psicomotora pode ser feita independentemente pela taxa de alcoolemia acima da permitida, não necessitando de outros sinais. Também afirmar que a alteração da capacidade psicomotora prevista no *caput* indica necessariamente perigo concreto para além das taxas de alcoolemia no caso do exame toxicológico ou de etilômetro, consiste em separar o que deve ser uno. O *caput* está ligado umbilicalmente ao § 1º Está ligado a ele em seu inciso I "ou" II *alternativamente*. Mas, está sempre ligado. O *caput* não diz em que consiste a alteração da capacidade psicomotora, o que faz isso é o § 1º, em seus dois incisos, sendo que o de número I aponta para as taxas de alcoolemia, ou seja, a capacidade psicomotora estará alterada quando o indivíduo estiver dirigindo com taxas de alcoolemia acima das permitidas. É isso. É simples e claro. A alegação de que quando constatadas as taxas extrapolantes, ainda se deve perquirir se o indivíduo está com a capacidade psicomotora alterada consiste em virar o tipo penal de pernas para o ar, como se a conduta fosse descrita no § 1º, inciso I e a forma de aferição do perigo estivesse no *caput*! Ora, é justamente o contrário!

Discutir se a conformação do tipo penal, seja pela Lei 11.705/08, seja hoje pela Lei 12.760/12 no âmbito da alcoolemia fere ou não o Princípio da Ofensividade; se crimes de perigo abstrato são admissíveis no Direito Penal moderno, remete a questões de fundo que nada têm a ver com o teor da lei ordinária. Se as teses acima são defendidas, quem as defende deve então apenas dizer que o tipo penal do artigo 306, CTB, seja na forma da anterior Lei 11.705/08, seja atualmente, é inconstitucional, ao menos no seu § 1º, inciso I atual e anteriormente no seu *caput* mesmo. O que não pode ser o caminho é a distorção da redação para que esta venha a se adequar a uma linha de pensamento que não foi claramente aquela seguida pelo legislador. Isso é mais do que clarividente, pois se a Lei 12.760/12 veio a lume para impedir a onda de impunidade surgida com a redação infeliz dada pela Lei 11.705/08 é evidente que não pretenderia ser formatada de maneira a ser mais branda num verdadeiro retrocesso. A doutrina e a jurisprudência, inclusive dos tribunais superiores (STF e STJ) já haviam firmado que o crime do artigo 306, CTB, referindo-se às taxas de alcoolemia era de perigo abstrato, isso sob o pálio da Lei 11.705/08. Será que agora pretenderia o legislador retroceder numa lei que pretende ser mais rigorosa, tornando a mesma conduta crime de perigo concreto? Parece altamente implausível. Se essa vontade do legislador é constitucionalmente válida ou não é outra discussão. Mas, que o intentado é imprimir mais rigor e manter o crime de perigo abstrato neste caso, parece insofismável. Ademais, quanto à inconstitucionalidade dos crimes de perigo abstrato, embora a tese seja respeitável, não tem sido acatada pelos tribunais pátrios, especialmente pelo STF a quem cabe a última palavra em termo de constitucionalidade/inconstitucionalidade.

Neste sentido manifesta-se o Ministro Gilmar Mendes:

"Nessa espécie de delito, o legislador penal não toma como pressuposto da criminalização a lesão ou o perigo de lesão concreta a determinado bem jurídico. Baseado em dados empíricos, o legislador seleciona grupos ou classes de ações que geralmente levam consigo o indesejado perigo ao bem jurídico. A criação de crimes de perigo abstrato não representa, por si só, comportamento inconstitucional por parte do legislador penal. A tipificação de condutas que geram perigo em abstrato, muitas vezes, acaba sendo a melhor alternativa ou a medida mais eficaz para a proteção de bens jurídico-penais supraindividuais ou de caráter coletivo, como, por exemplo, o meio ambiente, a saúde etc. Portanto, pode o legislador, dentro de suas amplas margens de avaliação e de decisão, definir quais as medidas mais adequadas e necessárias para a efetiva proteção de determinado bem jurídico, o que lhe permite escolher espécies de tipificação próprias de um direito penal preventivo. Apenas a atividade legislativa que, nessa hipótese, transborde os limites da proporcionalidade, poderá ser tachada de inconstitucional".[83]

Será que exigir a lei que pessoas não saiam pelas ruas dirigindo veículos automotores com taxas de alcoolemia acima de 6 decigramas por litro de sangue, comprovadamente perigosas pela ciência médica, é demais? Viola a proporcionalidade? Não seria a alegação de inconstitucionalidade e de violação da proporcionalidade um excesso de suscetibilidade libertária que descamba para a libertinagem?

---

83 HABEAS CORPUS 104.410, RIO GRANDE DO SUL, 2ª. Turma, Rel. Min. Gilmar Mendes, v.u., 06.03.2012.

Na verdade, quanto à direção sob efeito de álcool em taxas acima daquelas cientificamente comprovadas como perigosas, cabe indagar: Até quando no Brasil será preciso provar o que é notório?

Passando a outra temática, mas ainda ligada às taxas de alcoolemia, importa chamar a atenção para o disposto no § 3º, do artigo 306, CTB. Esse parágrafo estabelece que "o Contran disporá sobre a equivalência entre os distintos testes de alcoolemia ou toxicológicos[84] para efeito de caracterização do crime tipificado neste artigo". Essa normativa apresenta-se inútil: primeiro porque a equivalência já é explicitada no artigo 306, § 1º, I, CTB pela própria lei, segundo porque também já há o Decreto 6.488, de 19 de junho de 2008 que indica as mesmas equivalências ora expostas na lei. Eventualmente poderá no futuro haver alguma utilidade para esse dispositivo, acaso venha ser utilizado algum outro teste de alcoolemia diverso do toxicológico de sangue e do aparelho de ar alveolar, quando então caberá ao Contran estabelecer as respectivas equivalências. Isso significa que o artigo 306, § 1º, inciso I, CTB é autoaplicável, não se tratando de norma penal em branco.[85]

A segunda *alternativa* para comprovação da alteração da capacidade psicomotora por ingestão de álcool ou de outra substância psicoativa que determine dependência está prevista no artigo 306, § 1º, II, CTB. Fala-se então em "sinais que indiquem, (...), alteração da capacidade psicomotora". É claro que são outros sinais afora as taxas de alcoolemia. Aliás, taxas somente são previstas para o álcool. Para outras substâncias lícitas ou ilícitas, também alteradoras da capacidade psicomotora não há previsão de índices, sendo então a única alternativa comprobatória a do inciso II. É claro que não se descarta, mesmo em relação a outras substâncias, a realização de exames de sangue, urina etc. (vide artigo 3º, II, da Resolução Contran 432/13), mas fato é que não há previsão legal de taxas específicas como há no caso do álcool. Isso não impedirá que as Autoridades Policiais, os Promotores, Juízes e Defensores em geral proponham aos peritos a resposta a quesito que informe se o índice de substância no corpo do suspeito é passível de prejudicar sua capacidade psicomotora, o que deverá ser respondido caso a caso. Certamente o legislador não quis tentar fazer o trabalho impossível de catalogar índices

---

84 A expressão "ou toxicológicos" foi incluída pela Lei 12.971/14.
85 Inobstante isso, a Resolução Contran 432/13 apresenta em seu Anexo I "Tabela de Valores Referenciais para Etilômetro", o que certamente elimina qualquer dificuldade aplicativa da lei.

para todas as substâncias alteradoras do psiquismo, além do álcool. Esse seria mesmo um intento inviável, já que, como já se consignou neste texto, a redação dada ao artigo 306, *caput*, CTB é aberta, de forma a abranger o álcool e quaisquer outras substâncias que alteram o psiquismo do agente, sejam elas drogas ilícitas ou mesmo medicamentos.

Neste inciso II realmente se está diante de um crime de perigo concreto. Se a prova não é possível através do teste ou exame de alcoolemia e deve ser então obtida pela segunda *alternativa* disposta na lei, há que se demonstrar objetiva e concretamente quais são os tais "sinais que indiquem alteração da capacidade psicomotora" (vide artigo 5º, I, II e §§ 1º, e 2º, da Resolução Contran 432/13). Não há como pensar aqui em perigo abstrato, pois a exigência da indicação desses "sinais" já está a exigir o perigo concreto.

Conclui-se, portanto, que quando do vigor da Lei 11.705/08 o crime era invariavelmente de perigo abstrato, mas sob a égide da nova Lei 12.760/12 ele é de perigo abstrato no caso do artigo 306, § 1º, I e de perigo concreto no caso do artigo 306, § 1º, II, CTB.

Neste inciso II caberá à acusação indicar quais são os sinais indicativos de perigo concretamente existente, porque demonstram a alteração da capacidade psicomotora do condutor. Não há aqui uma taxa que já nos oferta resposta pronta. É preciso perquirir esses sinais que podem ser o andar cambaleante, a fala pastosa, a agitação, a depressão, o sono ao volante, a falta de concentração, a consciência alterada, a direção em descontrole, a falta de coordenação motora ou sua deficiência etc. (vide artigo 5º, e Anexo II da Resolução Contran 432/13 que indicam não somente a forma de aferição, mas em que consistem os tais sinais de alteração da capacidade psicomotora do condutor).

É neste inciso II que está o conserto da trapalhada providenciada pela Lei 11.705/08. Agora, se o condutor se nega, usando de um direito constitucional seu, a submeter-se a exames de sangue ou de etilômetro, nada impede sua prisão em flagrante, seu processo e condenação com base em outras provas, dentre as quais se destaca aquela que sempre foi a protagonista nestes casos, qual seja, o exame clínico de embriaguez levado a efeito pelo Médico-Legista. Foi somente durante o triste período de vigência da redação dada pela infeliz Lei 11.705/08 que o exame clínico perdeu boa parte de sua imensa funcionalidade. Agora a Lei 12.760/12 revitaliza o exame clínico (Antes tarde do que nunca!).

Finalmente, retorna para as agências estatais o controle sobre a punição do infrator. Não é mais o próprio suspeito que irá decidir se haverá produção de provas contra si. São as agências estatais que irão produzir as provas necessárias através de exames, testes ou outros meios legais que independem da colaboração do indigitado.

Também neste inciso a lei faz referência à disciplina da aferição desses sinais indicadores de alteração psicomotora pelo Contran. Entretanto, não se trata de norma penal em branco já que a própria lei (artigo 306, § 2º, CTB) estabelece os meios que podem ser utilizados para a comprovação do estado de alteração psicomotora, tratando-se, portanto, também de norma autoaplicável. Diz o artigo 306, § 2º, CTB:

"A verificação do disposto neste artigo poderá ser obtida mediante teste de alcoolemia ou toxicológico, exame clínico, perícia, vídeo, prova testemunhal ou outros meios de prova em direito admitidos, observado o direito à contraprova".

Em outro trabalho já nos manifestamos sobre esse tema:[86]

Com a devida vênia, o complemento a que faz menção o dispositivo constitui apenas um *plus* ou um adendo aos outros meios de constatação da embriaguez previstos no próprio tipo do artigo 306.

Isto, pois, no § 2º, o legislador deixa claro que a verificação da redução da capacidade psicomotora do motorista poderá ser obtida mediante diversos meios de provas, tais como depoimento testemunhal, exame clínico e até por vídeos. Por tudo isso, não concordamos que se trata de uma norma penal em branco. Além disso, para aqueles que não se satisfaçam com essa explicação, é fato que está em vigor atualmente a Resolução CONTRAN nº 206, de 20 de outubro de 2006,[87] a qual nada mais faz do que repetir as normativas já delineadas no atual § 2º, do artigo 306, CTB de acordo com a nova redação dada pela Lei 12.760/12. A verdade é que o recurso à Resolução do CONTRAN é despiciendo mesmo. Isso porque quando se fala em prova penal, se está tratando de matéria Processual Penal, cuja origem somente pode ser, por força

---

86 SANNINI NETO, Francisco, CABETTE, Eduardo Luiz Santos. Op. Cit. Observe-se que esse trabalho foi elaborado anteriormente à edição da Resolução Contran 432, de 23 de janeiro de 2013.

87 Quando da publicação do texto em referência, anterior a esta obra, a Resolução Contran 206/06 vigia, mas foi posteriormente revogada pela nova Resolução Contran 432, de 23 de janeiro de 2013, conforme se esclarecerá no decorrer deste texto.

constitucional, lei ordinária federal. O CONTRAN não tem atribuição para regular matéria de prova penal, não pode "legislar" sobre matéria processual penal. Portanto, é de se concluir que o inciso II do artigo 306, CTB é autoaplicável de acordo com as normas processuais penais referentes às provas, sendo, como já afirmado acima, eventual Resolução do CONTRAN, mero adorno que somente pode ter alguma maior utilidade no ramo administrativo. Seria mesmo surreal imaginar o CONTRAN regulamentando prova pericial, prova testemunhal, prova documental etc. na seara processual penal. Entretanto, para aqueles que a exijam, além da antiga Resolução 206/06 acima mencionada, vige hoje a nova Resolução Contran 432/13, tantas vezes já mencionada neste texto e que praticamente repete os termos da antiga Resolução 206/06, a qual revoga expressamente em seu artigo 13.

Em nosso entendimento, a regulamentação feita pelo CONTRAN teria como destinatários apenas os agentes de trânsito, que se utilizariam deste ato normativo para decidir sobre a necessidade ou não de encaminhamento do condutor do veículo até a Delegacia de Polícia.

Nesse ponto, destacamos que, sem embargo do disposto no § 2º, do artigo 306, de acordo com o Código de Processo Penal, sempre que a infração deixar vestígios, é indispensável a realização de perícia. Desse modo, mesmo diante de uma prova testemunhal ou de um teste de alcoolemia, é necessário o encaminhamento do suspeito ao Instituto Médico Legal para a realização do exame clínico e/ou de sangue. Essa obrigatoriedade da prova pericial nos chamados "crimes de fato permanente" ("*delicta facti permanentis*"), somente pode ser superada muito excepcionalmente nos termos do artigo 167, CPP, acaso a falta da perícia não se dê por desídia dos agentes estatais, mas por obra do próprio infrator.

Diante desse novo quadro, parece-nos que o exame clínico constituirá o principal meio de prova da embriaguez, haja vista que o médico legista é o agente mais indicado para avaliar o estado do investigado. Assim, testemunhas, vídeos e outros meios de prova seriam utilizados apenas de maneira subsidiária, quando não for possível a realização de perícia, de acordo com o já citado artigo 167, CPP ou mesmo como coadjuvantes dos exames periciais mais adequados.

Com o objetivo de ilustrar essa situação, imaginemos o caso em que o suspeito se recuse a colaborar com o exame clínico ou não possa fazê-lo em virtude dos ferimentos causados por um acidente. Em situações como esta, a prova pericial poderá ser substituída por depoimento de testemunhas ou por vídeos. Também nada impede que sendo realizadas as perícias, também se colham provas testemunhais, vídeos, fotos, objetos apreendidos etc. a fim de reforçar o arcabouço probatório.

Como bem lembra Sannini, outra questão interessante diz respeito à possibilidade de contraprova por parte do investigado. Seguindo uma tendência iniciada pela Lei 12.403/2011, que alterou o Código de Processo Penal no ponto que trata das prisões e medidas cautelares diversas, e que já havia introduzido o contraditório mesmo durante a fase preliminar de investigação, a Lei 12.760/2012 também consignou uma previsão nesse sentido (vide artigo 306, § 2º, parte final, CTB). Previsões como estas demonstram uma nova postura do legislador diante do investigado, não mais o tratando como objeto de direito, mas, sim, como um sujeito de diretos. Nesse contexto, é dever da Autoridade Policial atender as solicitações do investigado no momento de requisitar o exame pericial. Mais do que isso, o sujeito passivo da investigação também poderá submeter-se a um exame feito por perito particular, sendo que o resultado do laudo será apreciado pelo Delegado de Polícia ou pelo Juiz no momento da formação dos seus convencimentos.[88]

Situação dificultosa, considerando a alternatividade dos meios de comprovação da alteração psicomotora do condutor disposta pela lei no § 1º, incisos I e II, será aquela em que houver conflito entre os distintos recursos utilizados para prova.

Se forem produzidos os exames e testes de alcoolemia, os quais apresentam taxas acima das permitidas legalmente, bem como coincidem com os demais sinais aferidos no caso concreto a indicar ebriedade, nada há a objetar. A conduta criminosa está perfeitamente comprovada. Também se apenas é realizado um dos meios de prova, inciso I ou inciso II, sendo este positivo ou negativo, dominará o destino da comprovação ou não do ilícito sem qualquer contestação maior. Como já se disse, eles são *alternativos e não cumulativos*. A lei usa a conjunção alternativa "ou" intermediando os incisos I e II do § 1º, do artigo 306, CTB.

Mas, e quando forem produzidos os dois meios de constatação e entre eles houver dissidência? O que fazer? Como a situação pode ser solucionada?

---
88 Op. Cit.

Uma regra geral pode ser erigida a princípio. Como a prova pode ser produzida alternativamente de acordo com o inciso I (alcoolemia) "ou" II (outros sinais), não se exigindo a cumulatividade, parece natural que prevaleça sempre a constatação positiva da embriaguez. Afinal ela pode ser comprovada por um "ou" outro meio disposto nos incisos sobreditos. Não obstante, em casos que tais, não se pode olvidar um princípio relevante no Processo Penal, qual seja, o do "Favor Rei", em sua face do *"in dubio pro reo"*. Dessa forma, cada caso concreto deve ser cuidadosamente analisado pelo julgador, de modo que se, embora havendo indicação positiva de ebriedade através de um dos meios de prova dispostos, também houver, de acordo com o conjunto probatório, uma dúvida razoável sobre a embriaguez, se impõe a absolvição.

Vamos a um exemplo:

Um indivíduo é submetido a teste de etilômetro, apresentando concentração de álcool no ar alveolar de 1,7 mg/l, muitíssimo acima do admissível. Já no exame do IML (clínico) é dado como não embriagado. Uma situação como esta indica, a princípio, que deve prevalecer o exame do etilômetro e é necessário perquirir o que levou o exame clínico a ser negativo (Falsa perícia? Demora para a realização do exame? Desintoxicação medicamentosa provocada por socorro médico antecedente ao exame clínico no IML?). Mas, sempre tudo depende de uma aprofundada investigação porque também pode ser que o aparelho de ar alveolar estivesse descalibrado ou tenha havido fraude nesse exame e não no do IML. A verdade é que na maioria dos casos não haverá colidência entre os exames, testes e outras provas, mas, em havendo, todas as possibilidades devem ser esgotadas para a apuração de que prova deva prevalecer no caso concreto. A indicação do meio de prova positivo pela alternatividade é apresentada apenas em princípio, mas tudo dependerá da apuração a ser levada a efeito em cada caso submetido à jurisdição, de modo que em situação de dúvida outra solução não resta senão a absolvição (*"in dubio pro reo"*).

Finalmente nunca é despiciendo abordar um tema que tem sido ventilado na mídia sem apoio na realidade jurídica a todo o momento em que ocorre algum acidente de trânsito com vítima fatal, estando o motorista causador do evento ébrio. Tem sido comum ouvir dizer que a partir da Lei 11.705/08, todo e qualquer caso de homicídio ou lesão provocados por condutor embriagado será tratado como crime doloso, considerando a figura do chamado "dolo eventual". Essa "notícia" não corresponde à realidade do mundo jurídico. A Lei 11.705/08 não contém qualquer dispositivo que trate desse tema expressamente e nem de suas disposições pode-se inferir tal conclusão mesmo indiretamente. O mesmo se pode dizer com certeza da Lei 12.760/12. Talvez alguém tenha interpretado açodada e equivocadamente que o fato da lei estabelecer uma taxa de alcoolemia como configuradora da embriaguez ao volante como crime de trânsito, poderia conduzir à consequência da formulação de uma espécie de presunção legal de assunção de risco toda vez que uma pessoa se propusesse a dirigir em tal estado. Isso obviamente não encontra sustentação no Direito Penal Moderno que há muito tempo afastou a possibilidade de adoção da chamada "responsabilidade objetiva". Na verdade, a situação não se alterou em nada neste aspecto com o advento das Leis 11.705/08 e 12.760/12. É claro que em certos casos concretos de acidentes de trânsito, provocados ou não por embriaguez etílica, poderá ocorrer a figura do "dolo eventual". Até mesmo o dolo direto pode acontecer em uma situação envolvendo condução de automotor, quando o veículo é utilizado como *instrumenta sceleris*" pelo autor que, por exemplo, atropela deliberadamente um desafeto pretendendo matá-lo. Não obstante, na maioria dos casos de homicídio ou lesão corporal em acidentes de trânsito em que o condutor dirige embriagado o caso será de "culpa consciente". Nem mesmo o fato de que a Lei 11.705/08, em seu artigo 9º, revogou a causa de aumento de pena na lesão culposa e no homicídio culposo do trânsito pela embriaguez, pode levar, por si só, à conclusão pelo dolo eventual. Lembremo-nos que essa causa de aumento de pena nem sempre existiu no CTB, na verdade foi incluída pela Lei 11.275/06 e nem por isso, antes da referida norma alteradora, se cogitava de que invariavelmente haveria dolo eventual. Muito menos o fato de que a nova Lei 12.760/12 não tenha reativado essa causa de aumento de pena pela embriaguez no homicídio e na lesão culposa poderá levar a semelhantes conclusões. Na realidade, as dificuldades para avaliação dos casos concretos e discernimento entre o dolo eventual e a culpa consciente devem ser casuisticamente resolvidos, considerando todas as circunstâncias envolventes do episódio pesquisado sob os ângulos objetivo e, principalmente, subjetivo.[89] Tenha-se em mente, em

---

89 Dolo eventual e culpa consciente (mais alto grau de culpa) se assemelham bastante. No primeiro o agente pratica uma conduta, prevendo um possível resultado, mas assumindo o risco de sua produção. Na segunda o agente também prevê

conclusão, o fato de que em caso de dúvida quanto ao elemento subjetivo que conforma a conduta do agente, encontra aplicação o "*in dubio pro reo*", de forma que por isso, na maioria dos casos, conforme acima consignado, prevalecerá a tese da culpa consciente. Lapidar neste tópico o ensinamento de Aníbal Bruno abaixo transcrito:

"O dolo consiste em uma posição interior do agente, em certas condições de consciência e vontade em relação ao fato ilícito, que não podem ser apreciadas diretamente, mas só através das circunstâncias exteriores em que se manifestam. A maneira pela qual o sujeito atua, os meios que emprega, certas particularidades que acompanham o fato é que nos poderão levar a concluir por uma ação dolosa em referência ao resultado punível. As dificuldades desse juízo crescem e podem tornar-se insuperáveis em relação ao dolo eventual, quando se tem de apurar se o autor assumiu o risco de produzir o resultado ou esperou sinceramente que ele não ocorresse. Então, se não se pode alcançar uma conclusão segura no sentido do dolo, o agente beneficia-se da dúvida e o fato tem de ser julgado como de culpa consciente".[90]

No ano de 2017 vem a lume a Lei 13.546/17, já mencionada neste texto, a qual retoma a exacerbação das penas dos artigos 302 e 303, CTB quando o agente estiver embriagado. Agora se tratam de qualificadoras, conforme novas redações dos artigos 302, § 3º e 303, § 2º CTB. Assim sendo, reforça-se sobremaneira o fato de que, em regra, a ebriedade configurará a "culpa consciente" e somente de forma muito excepcional o "dolo eventual".

Com a advento da infeliz Lei 12.971/14 mister se faz tratar do tema do Homicídio Culposo no Trânsito (artigo 302, CTB) quando o agente está embriagado ou em disputa de racha, pois que tal diploma legal produziu alterações nesse campo, diga-se de passagem, alterações bem atabalhoadas.

Não há alteração no *caput* do artigo 302, CTB, que trata do crime de Homicídio Culposo no trânsito, seja em seu preceito primário (descrição da conduta), seja em seu preceito secundário (pena prevista).

---

um certo resultado, mas decide praticar mesmo assim sua conduta, não porque assuma o risco, mas porque confia sinceramente em sua capacidade de evitar o referido resultado. Uma excelente e ponderada exposição sobre o tema pode ser encontrada no seguinte trabalho: SOUZA, José Barcelos de. Dolo eventual em crimes de trânsito. *Boletim IBCCrim*. São Paulo: IBCCrim, n. 73, out., 1998, p. 11-12.

90 *Direito Penal*. Volume I. Tomo IV. Rio de Janeiro: Forense, 1966, p. 75.

As mudanças começam no que era o antigo Parágrafo Único, o qual se converte em dois parágrafos. No § 1º, são mantidas as tradicionais causas especiais de aumento de pena aplicáveis para o homicídio culposo sem qualquer modificação, inclusive no *"quantum"* da exasperação que permanece entre 1/3 e 1/2.

Tudo já começa a degringolar com o advento do novo § 2º, onde se pretende imprimir maior rigor ao crime de homicídio culposo no trânsito quando este ocorre em circunstâncias em que o condutor está ébrio ou disputando racha.

A iniciativa é correta do ponto de vista da proporcionalidade. Efetivamente é adequada e necessária uma reprimenda mais gravosa para aquele que comete homicídio culposo nas circunstâncias acima mencionadas. Ademais, tal providência legislativa teria o condão de, se não solucionar, ao menos abrandar os questionamentos acerca da aplicação artificiosa do dolo eventual nesses casos. A verdade é que a pena branda do homicídio culposo, quando de ocorrências que envolvem ébrios ou indivíduos de suma irresponsabilidade em disputas de racha, gera um desconforto social nítido e muitos apelam para a "solução" do dolo eventual que, na verdade, não se adequa perfeitamente, ao menos à maioria desses casos que são nitidamente de culpa consciente, conforme já demonstrado neste trabalho.

Acontece que um sentimento de impunidade ou de punição insuficiente toma conta da sociedade quando se depara com casos de homicídio culposo no trânsito, envolvendo embriaguez ou racha. Sempre nos pareceu que a solução para essa espécie de sentimento de "anomia" seria não a perversão de toda a teoria sobre dolo e culpa (mais especificamente a destruição bárbara da linha divisória nítida entre dolo eventual e culpa consciente). Mas, a alteração das penas para o homicídio culposo ocorrido nessas circunstâncias especialmente gravosas, com a previsão de uma reprimenda mais rigorosa para a própria conduta culposa. Não haveria aí qualquer perversão e até se respeitaria a proporcionalidade na medida em que a culpa consciente presente nesses casos estaria a justificar uma reação estatal mais gravosa do que aquela atribuída à culpa sem previsão ou inconsciente. Afinal, embora a legislação brasileira, com a reforma da Parte Geral do Código Penal de 1984, tenha extirpado os chamados "graus de culpa", segue sendo possível aferir que, no caso concreto, a culpa consciente configura o grau mais elevado de culpa possível, tanto que se aproxima e cria até mesmo certa confusão para alguns com o dolo eventual.

Portanto, a iniciativa do legislador em buscar um tratamento especial para os casos de homicídio culposo marcados pela embriaguez ou o racha não é passível de críticas. Não obstante, o é a forma pela qual se desincumbiu dessa tarefa.

Essa forma é não somente criticável como ridícula. Isso porque o tratamento em tese "mais gravoso" dado pelo legislador para tais situações consiste, pasmem, em manter a pena de 2 a 4 anos e a suspensão do direito de dirigir e somente alterar a qualidade da reprimenda de detenção para reclusão! A alteração é pífia, ridícula e certamente não satisfaz os reclamos sociais. Muito menos será suficiente para acalmar os ânimos daqueles que querem a todo custo perverter a teoria dos elementos subjetivos do crime, forçando uma situação de dolo eventual onde há culpa consciente dado o laxismo legislativo. Qualquer iniciante na seara jurídico-penal tem plena consciência de que na atualidade a diferença entre a pena ser de detenção ou reclusão é praticamente irrelevante. Seria de se esperar a previsão de uma pena reclusiva sim, mas com patamares mínimo e máximo bem acima dos previstos no *caput*. Assim sendo, dizer que essa reforma foi inútil e ridícula é um eufemismo para evitar o uso de palavras de mais baixo calão às quais a alteração faria jus. Em boa hora a Lei 13.281/16 revogou esse atrapalhado e medonho § 2º do artigo 302, CTB (conforme consta do artigo 6º da Lei 13.281/16). Pena que o novo dispositivo entre em vigor somente dentro de 180 dias, nos termos do artigo 7º, II, da Lei 13.281/16, uma vez que a só existência por algum período dessa anomalia no Direito Penal Brasileiro é motivo de vergonha.

Por dádiva celeste a Lei 12.971/14 não promoveu suas "barbeiragens" na lesão corporal culposa no trânsito, mantendo "*in totum*" a redação do artigo 303, CTB. Apenas, dentro do cenário tenebroso acima exposto, como transformou o que era um Parágrafo Único em dois parágrafos distintos, ajustou a redação do Parágrafo Único do artigo 303, CTB que remetia, no caso de lesões culposas, aos mesmos aumentos de pena do Homicídio Culposo (antigos incisos do então Parágrafo Único do artigo 302, CTB). Como agora essas causas especiais de aumento de pena estão alocadas no novo § 1º, do artigo 302, CTB, a redação do Parágrafo Único do artigo 303 passa a fazer corretamente menção não ao antigo e revogado Parágrafo Único, mas ao novo § 1º, do artigo 302, CTB.

Contudo, as monstruosidades da Lei 12.971/14 não se reduzem ao novo § 2º, do artigo 302, CTB e sua inutilidade. É com as modificações feitas no artigo 308, CTB, mais especificamente, em seu § 2º, que as coisas vão desandar desastrosamente.

O fenômeno "Pokémon" ou "Pocket Monsters", que pode ser traduzido literalmente como "monstros de bolso" ou "bichos de bolso" é uma marca japonesa que explora uma série de nichos midiáticos tais como jogos eletrônicos, desenhos animados, bonecos, quadrinhos etc.

Quando chegamos agora ao ponto de análise das alterações promovidas no artigo 308, CTB e suas reverberações na sistemática da Lei 9.503/97 (Código de Trânsito Brasileiro), inclusive em cotejo com o disposto no artigo 302, § 2º, CTB, torna-se perfeita a metafórica denominação da Lei 12.971/14 como "Lei Pokémon". Afinal, esses monstrinhos de desenho animado são exatamente aqueles que quando são olhados num primeiro momento e de certa distância, parecem apenas meio esquisitinhos, mas, na verdade, são verdadeiros monstros com superpoderes destrutivos e assustadores. Até o momento e ainda por alguns parágrafos adiante continuaremos com a mera impressão de esquisitice, até que veremos a real teratologia da legislação sob comento, ao ponto de ser capaz de inaugurar talvez um novo ramo do estudo da ciência do Direito, qual seja, a "Teratologia Jurídica". O "Pokémon" se revelará com todos os seus poderes para fazer rir e chorar de desespero!

Pois bem, a Lei 12.971/14 traz uma ligeira modificação na redação da parte final do *caput* do artigo 308, CTB. Substitui a frase indicadora da necessidade de perigo concreto "desde que resulte dano potencial à incolumidade pública ou privada", pela frase diversa, mas de conteúdo semântico idêntico "gerando situação de risco à incolumidade pública ou privada". Mudam as palavras, mas o efeito é o mesmo: trata-se de um crime de perigo concreto comum. Em suma, faz-se necessário que a conduta enseje perigo real e não presumido, mas prescinde-se da identificação de um ou mais sujeitos passivos específicos (crime vago). Talvez a alteração seja salutar a fim de jogar uma pá de cal sobre a alegação de alguns autores como, por exemplo, Damásio de Jesus, que afirmavam que o crime era de dano,[91] tendo em conta um bem jurídico difuso que seria a "segurança do trânsito viário terrestre". A palavra "dano poten-

---
91 JESUS, Damásio Evangelista de. *Crimes de Trânsito*. 5ª. ed. São Paulo: Saraiva, 2002, p. 184.

cial" anteriormente constante do tipo poderia induzir a essa conclusão, o que nos parece inviável a partir de sua substituição pela palavra "risco" que certamente está ligada ao perigo e não ao dano efetivo. Não obstante, esse posicionamento desde sempre foi considerado equivocado e inclusive a criação de bens jurídicos difusos como "segurança do trânsito viário terrestre" tem merecido a justa crítica da doutrina quanto à banalização do critério de definição do que seja realmente um bem jurídico-penal.[92] Ou seja, a maioria da doutrina e da jurisprudência sempre assentaram que o crime de Racha é de "perigo concreto" e não de "dano".[93] Inclusive, como anota Marcão, o STJ já estabeleceu essa natureza de crime de perigo concreto para o dispositivo do artigo 308, CTB (STJ, Resp 585.345/PB, 5ª Turma, Rel. Min. Felix Fischer, DJU de 16.02.2004).[94]

A verdade é que a mudança tem o condão de pacificar uma situação em que havia alguma ligeira dissidência, mas não altera muito o quadro prático, de modo que se trata de uma alteração que faz tudo ficar como estava, de acordo com a famosa frase de Lampedusa.[95]

Uma novidade louvável foi a alteração da pena de prisão em seu máximo cominado de 2 para 3 anos de detenção, retirando o Racha do rol de infrações de menor potencial ofensivo nos termos do artigo 61 da Lei 9.099/95. Efetivamente era algo incompreensível que uma conduta tão perigosa e tão socialmente reprovável estivesse catalogada dentre as infrações de menor potencial. Isso já foi anteriormente mencionado de passagem nesta obra.

O leitor já percebeu que até o momento ainda não chegamos ao estágio "Pokémon" da Lei 12.971/14, mas chegaremos lá, estamos perto.

Em sua versão original o artigo 308, CTB não contava com parágrafos. A Lei 12.971/14 incluiu dois parágrafos, prevendo formas qualificadas respectivamente pelos resultados lesão corporal grave e morte.

---

92 Cf. SÁNCHEZ, Jesús-María Silva. *A Expansão do Direito Penal*. Trad. Luiz Otavio de Oliveira Rocha. São Paulo: RT, 2002, p. 113. SILVEIRA, Renato de Mello Jorge. *Direito Penal Supra-Individual*. São Paulo: RT, 2003, p. 57.

93 Neste sentido: PIRES, Ariosvaldo de Campos, SALES, Sheila Jorge Selim de. *Crimes de Trânsito na Lei 9.503/97*. Belo Horizonte: Del Rey, 1998, p. 234. LOPES, Mauricio Antonio Ribeiro. *Crimes de Trânsito*. São Paulo: RT, 1998, p. 231. MARCÃO, Renato. *Crimes de Trânsito*. 3ª. ed. São Paulo: Saraiva, 2011, p. 198.

94 MARCÃO, Renato. *Crimes de Trânsito*. 3ª. ed. São Paulo Saraiva, 2011, p. 198.

95 LAMPEDUSA, Giuseppe. *O Leopardo*. Trad. Leonardo Codignoto. São Paulo: Nova Cultural, 2002, p. 42.

No § 1º, afirma que em caso de conduta culposa (afastados os dolos direto e eventual), se resultar "lesão corporal de natureza grave", a pena passa a ser de "reclusão, de 3 a 6 anos", além das demais penalidades já previstas no artigo. É preciso destacar que quando a lei menciona a expressão "lesões graves" está abrangendo as doutrinariamente chamadas "lesões graves" e "lesões gravíssimas", de acordo com o disposto no artigo 129, §§ 1º e 2º, CP.

Embora seja incomum a ligação entre a gravidade da lesão e a figura da lesão corporal culposa, seja no Código Penal, seja no Código de Trânsito, nada impede que o legislador crie essa distinção na reprimenda, considerando o desvalor do resultado mais intenso.

A partir de agora é preciso saber distinguir algumas situações em caso de lesão corporal culposa:

a) Se ocorre uma lesão corporal culposa na qual o autor não está na direção de veículo automotor, aplica-se o artigo 129, § 6º, CP, sem essa distinção a respeito da gravidade da lesão, o que somente será considerado para a dosimetria da pena-base nos estritos termos do artigo 59, CP (consequências do crime).

b) Se ocorre uma lesão corporal culposa na qual o autor está na direção de veículo automotor e não está disputando Racha, então é aplicável o artigo 303, CTB, também sem levar em conta a gravidade da lesão a não ser para fins de dosimetria da pena base, conforme acima exposto.

c) Se há uma lesão corporal culposa com o autor do crime na direção de veículo automotor e disputando Racha, sendo a lesão leve, esta circunstância (Racha) configura a imprudência do infrator e aplica-se normalmente o artigo 303, CTB. O artigo 308, § 1º, do mesmo diploma resta afastado porque ausente a elementar da "lesão corporal de natureza grave". Neste ponto, porém, é preciso relembrar o entendimento hoje predominante do STJ, contra nossa posição e indicando o concurso material e não a consunção do racha pela lesão corporal, conforme já consignado nesta obra (STJ, RE 1629107, 5ª Turma). A decisão do STJ em comento se refere à embriaguez ao volante, mas tem certamente plena aplicação ao caso ora em estudo.

d) Finalmente, se um indivíduo, na direção de veículo automotor e disputando Racha, lesiona gravemente (lesão grave ou gravíssima) outrem passa doravante a ser aplicável o disposto no artigo 308, § 1º, CTB que prevalece sobre o artigo 303, CTB, considerando a existência de um conflito ou concurso aparente de normas, no qual o artigo 308, § 1º, CTB se sobressai devido ao Princípio da Especialidade.

Aqui, embora seja solvível alguma dificuldade interpretativa, nota-se claramente uma impropriedade na qual o crime de Racha é qualificado pela lesão corporal culposa, quando o mais correto e sistematicamente adequado seria que a lesão corporal culposa fosse qualificada pelo Racha, assim como fez (muito mal e porcamente, como já visto, mas fez) o legislador com o caso do homicídio e a embriaguez ao volante e o Racha (vide artigo 302, § 2º, CTB com a nova redação dada pela Lei 12.971/14, em boa hora revogado pela Lei 13.281/16). Os sinais de teratologia já vão então se manifestando, mas ainda não chegamos a seu ápice.

É no § 2º, do artigo 308, CTB que o pequeno e esquisito "Pokémon" jurídico se transforma de uma bolinha minúscula em um monstro tenebroso!

Acontece que esse § 2º, acima citado prevê uma qualificação do crime do artigo 308, CTB pelo resultado morte, sempre que a conduta for culposa (afastando-se as situações de dolo direto ou eventual). Nesse caso a pena prevista passa a ser de "reclusão, de 5 a 10 anos", além das demais cominadas no tipo penal. Ora, mas acontece que no artigo 302, § 2º, CTB (mesmo diploma legal) o resultado morte advindo de culpa durante um racha tem pena prevista de "reclusão, de 2 a 4 anos, afora as demais penalidades agregadas. Há aqui uma séria contradição interna no diploma legal, a *teratologia máxima* da criação de um conflito aparente de normas insolúvel dentro do próprio diploma. Diga-se melhor, não de um conflito "aparente" de normas dentro de um mesmo diploma, mas de um conflito "real" de normas dentro de um mesmo diploma. Isso porque ambos dispositivos (artigo 308, § 2º, CTB e artigo 302, § 2º, CTB) descrevem a mesmíssima situação com penas absolutamente diversas.

O quadro é tão caótico que nenhum dos Princípios de solução de conflitos aparentes de normas (consunção, subsidiariedade, especialidade ou alternatividade) é hábil a resolver satisfatoriamente a situação. É simplesmente impossível ao intérprete compreender o que pretendeu o legislador com essa monstruosidade que se descortina ante nossos olhares embasbacados!

Afinal, qual dispositivo aplicar? Como não perceber e denunciar infrações aos Princípios basilares da razoabilidade e proporcionalidade? Mais que isso, à mais comezinha lógica já que algo não pode ser e não ser ao mesmo tempo e ao ser uma coisa e não outra, não pode ser uma terceira diversa, ou seja, algo é verdadeiro ou falso, não havendo a hipótese de uma terceira via alternativa (Princípios da Não-Contradição e do Terceiro Excluído). Neste último campo até mesmo o chamado "Princípio da Identidade" que afirma que algo é sempre igual a si mesmo é violado. Vejamos: se afirmo que quem disputa Racha e causa culposamente uma morte responde pelo artigo 302, § 2º, CTB, isso entra em contradição nos três aspectos lógicos acima com o artigo 308, § 2º, do mesmo diploma legal.

Superado o susto, passa-se então a delinear propostas de solução para esse dilema monstruoso que poderão surgir na tão maltratada doutrina nacional:

> a) Frente ao conflito medonho acima descrito poderá surgir quem advogue a tese de aplicação da reprimenda mais gravosa, ou seja, o dispositivo do artigo 308, § 2º, CP por uma aplicação enviesada do Princípio da Especialidade e considerando a necessidade de repressão mais intensa da conduta de quem ocasiona morte, ainda que culposa, mas numa situação de Racha, o que, aliás, seria a *"mens legis"*. Neste passo o artigo 302, § 2º, CTB somente seria aplicável em sua inovação praticamente inócua de alteração de pena de detenção para reclusão no caso de embriaguez ao volante, tornando-se letra morta a hipótese de racha.
>
> b) Diante do conflito enfocado prevaleceria o artigo 302, § 2º, CTB e o disposto no artigo 308, § 2º, do mesmo diploma seria letra morta. Para essa posição há duas argumentações plausíveis pelo menos, quais sejam:

b.1 No conflito de duas normas que regulam a mesma conduta, prevendo-a como crime e impondo penas diversas, o Princípio do "Favor Rei" está a indicar que a norma mais branda, mais favorável ao réu, deve prevalecer. Maximiliano não poderia prever que ao ensinar em sua clássica obra que o "Favor Rei" ou o "*in dubio pro reo*" devem ser aplicados "*cum granu salis*", apenas quando a dúvida é *insolúvel* no esforço da busca do efetivo sentido da letra da lei e de seu espírito, estaria agora com um exemplo teratológico em que efetivamente é impossível perscrutar os caminhos tortuosos da "*mens legis*" ou "*mens legislatoris*", simplesmente pelo fato corriqueiro de que diante da insanidade não é viável buscar coerência. De acordo com o autor nominado é aí que "terá cabimento o *in dubio mitius interpretandum est*; ou – *interpretationes legum poenae molliendoe sunt potius quam asperandae*; ou ainda – *In poenalibus causis benignus interpretandum est*: 'Opte-se, na dúvida pelo sentido mais brando, suave, humano'; 'Prefira-se, ao interpretar as leis, a inteligência favorável ao abrandamento das penas ao invés da que lhes aumente a dureza ou exagere a severidade'; 'Adote-se nas causas penais a exegese mais benigna'".[96]

b.2 A aplicação do artigo 308, § 2º, CTB em detrimento do artigo 302, § 2º, do mesmo diploma geraria, além do mais, uma nítida infração ao Princípio da Proporcionalidade em relação àquele indivíduo que perpetra um homicídio culposo embriagado. Perceba-se que para a embriaguez ao volante (artigo 306, CTB), não foi prevista qualificadora similar, restando então somente o dispositivo frouxo do artigo 302, § 2º, CTB. Já para o infrator do artigo 308, CTB, aplicando-se seu § 2º, este teria uma pena muito mais alta do que o ébrio. Ora, ambas as situações são equi-

---

96 MAXIMILIANO, Carlos. *Hermenêutica e Aplicação do Direito*. 18ª. ed. Rio de Janeiro: Forense, 1999, p. 326-327.

valentes e não comportam tratamento tão distinto, o que violaria à proporcionalidade. A hipótese de aplicar as penas mais altas do artigo 308, § 2º, CTB também ao ébrio homicida culposo no trânsito é tecnicamente indefensável, pois que violaria, além do "Favor Rei" o "Princípio da Legalidade". Assim sendo, o tratamento mais gravoso do disputador de racha e o menos gravoso do ébrio é inviável e desproporcional, o que também indica para a prevalência do artigo 302, § 2º, CTB que trata ambas as situações com proporcionalidade (muito mal e porcamente, mas com proporcionalidade).

Arriscando um prognóstico, tendemos a pensar que a prevalência do artigo 302, § 2º, CTB e o afastamento e conversão em letra morta por inépcia legislativa do artigo 308, § 2º, CTB deveria predominar na doutrina e nos tribunais.

Não obstante nossa proposta seria pela imediata revogação de ambos dispositivos e, se for o caso, a elaboração de uma lei que mereça esse nome. Aliás, o ideal seria que essa Lei 12.971/14 nunca tivesse existido e permanecesse no limbo onde estão os monstros do armário, a Cuca, o Saci-Pererê, o Lobisomem, o Curupira, os Vampiros, o Godzilla e os Pokémon.

Eis que finalmente, ao menos em parte, a Lei 13.281/16 exorcizou o § 2º, do artigo 302, CTB, mediante sua revogação expressa por seu artigo 6º Agora o homicídio culposo ocorrido em situação de "Racha" (artigo 308, CP) constitui somente qualificadora do segundo crime nos termos do artigo 308, § 2º, CP. Não obstante, nossa opinião seria pela revogação de ambos dispositivos e criação de qualificadoras no homicídio culposo (artigo 302, CTB, seja pela ebriedade, seja pela prática do Racha e não o reverso. Note-se que com a eliminação pela Lei 13.281/16 não há previsão de qualificadora para o caso de homicídio culposo em que o agente está ébrio, o que nos retornará à antiga discussão sobre a absorção do artigo 306 pelo 302, CTB, eis que o primeiro é o elemento de imprudência da culpa ordinária; e a opção de concurso formal ou material de crimes entre os artigos 302 e 306, CTB, o que não nos parece viável, embora, como já visto e revisto, é posição atual do STJ. Retornará então a sanha punitivista que intenta forçar uma situação de dolo eventual automático nesses casos, o que não se coaduna com a melhor doutrina.

Em suma, o surgimento das alterações da Lei 13.281/16 nos deixa numa situação um pouco menos ruim do que antes. Porém a situação é solvida, como já visto acima, pelo advento da Lei 13.546/17, que passa a prever a embriaguez como qualificadora tanto do artigo 302 como do artigo 303, CTB. A verdade é que a saga do legislador para regular a embriaguez ao volante e sua relação com os crimes de homicídio culposo e lesão culposa no trânsito está se tornando um imbróglio inextricável.

3 CONCLUSÃO

No decorrer deste trabalho desenvolveu-se uma análise crítica das principais inovações promovidas pela Lei 12.760/12 em correlação com a Lei 11.705/08 no Código de Trânsito Brasileiro (Lei 9.503/97), especialmente quanto à questão da embriaguez e suas repercussões nas searas administrativa e penal.

O estudo da atual cognominada "Nova Lei Seca" (Lei 12.760/12) não prescinde de uma revisão quanto à evolução do tratamento administrativo e criminal do tema da embriaguez ao volante no Código de Trânsito Brasileiro, passando pelo tratamento originalmente proposto pela Lei 9.503/97, pelas alterações promovidas, várias das quais ainda vigentes, pela Lei 11.705/08, até chegar à atual Lei 12.760/12 e suas modificações, bem como a Lei 13.546/17. A compreensão da gênese, conteúdo e objetivos da chamada "Nova Lei Seca" somente foi possível mediante o estudo da evolução do tratamento do tema, perpassando a originalidade do Código de Trânsito Brasileiro, o advento da Lei 11.705/08 com suas mazelas e pontos positivos e, finalmente o surgimento da Lei 12.760/12, procurando colmatar lacunas e equívocos da legislação anterior. E ainda atualmente, não olvidando o advento da Lei 13.546/17, que trata dos efeitos penais da embriaguez ao volante nos artigos 302 e 303, CTB (novas qualificadoras).

Com o surgimento desastroso da Lei 12.971/14 se impôs a análise de suas influências no Código de Trânsito Brasileiro, em especial no que tange aos crimes dos artigos 302, 303, 306 e 308, atualmente razoavelmente solucionadas com os adventos das Leis 13.281/16 e 13.546/17.

Após um detido estudo em que foram cogitados diversos problemas, questionamentos e respectivas propostas de soluções, podem ser enunciadas as seguintes conclusões de forma articulada:

1-As Leis 11.705/08 e 12.760/12 promoveram importantes alterações nas partes penal e administrativa do Código de Trânsito Brasileiro, principalmente no que diz respeito ao tratamento da embriaguez ao volante, penalidade acessória de suspensão do direito de dirigir e aplicação da Lei 9.099/95.

2-Para fins administrativos é considerada falta gravíssima o simples fato de conduzir automotor em via pública sob efeito de álcool, em qualquer concentração no sangue ou sob a influência de outras substâncias psicoativas que causem dependência, também em qualquer concentração.

3-No que diz respeito aos binômios álcool e direção/ substâncias psicoativas e direção o CTB adotou um critério de "tolerância zero" no âmbito administrativo.

4-O prazo da penalidade de suspensão do direito de dirigir por infração ao artigo 165, CTB, é fixado em 12 meses, sem possibilidade de balizas mínima e máxima de individualização. A multa, a partir da Lei 12.760/12 passa a ser agravada em dez vezes, alterando o sistema anterior em que era agravada somente em cinco vezes.

5-Com relação à penalidade administrativa fixa supramencionada, certamente haverá alegação, não sem fundamento, de violação dos princípios da proporcionalidade e da individualização.

6-O recolhimento da CNH previsto por infração ao artigo 165, CTB, não deve ser confundido com a apreensão do documento por força da imposição de penalidade de suspensão do direito de dirigir. Esta só pode ser imposta após o devido processo legal administrativo, informado pela ampla defesa e pelo contraditório. O recolhimento consiste em mera medida cautelar e provisória que deve durar tão somente até o primeiro momento em que o condutor volte a apresentar condições de conduzir automotores.

7-Dentro dos estreitos limites da cautelaridade, provisoriedade e razoabilidade acima expostos, o recolhimento da habilitação previsto como medida administrativa no artigo 165, CTB, não é inconstitucional.

8-A partir da Lei 12.760/12 a pena de multa passa a ser aplicada em dobro para os casos de reincidência no período de até 12 meses. Isso através de alteração promovida na redação do Parágrafo Único do artigo 165, CTB.

9-A Lei 12.760/12 alterou a redação do *caput* do artigo 277, CTB, permanecendo válidos os testes e exames para aferição de alcoolemia, embriaguez etílica ou efeito de outras substâncias psicoativas ali previstos, mas afastaram-se da redação os dizeres que davam a ideia de imposição do exame, violando o direito à não-autoincriminação. Também foi revogado o § 1º do mesmo dispositivo, pois que as substâncias psicoativas são agora tratadas também diretamente no *caput*. Também foi aperfeiçoada a redação do § 2º, passando a arrolar um grupo exemplificativo de meios de prova dos sinais de ebriedade.

10- Para fins administrativos a comprovação da infração ao artigo 165, CTB, pode operar-se por diversas vias, não se atrelando exclusivamente na modalidade da prova pericial ou mesmo o teste do etilômetro.

11- O disposto no § 2º do artigo 277, CTB, tem aplicação exclusiva no campo administrativo, não se aplicando à seara criminal, por expressa disposição ali contida.

12- A interpretação e aplicação do § 3º do artigo 277, CTB, sob o ponto de vista de que o condutor é obrigado aos testes e exames, sob pena de submeter-se às sanções do artigo 165, CTB, diretamente por via de uma suposta presunção de culpa, é absolutamente inviável perante a ordem constitucional vigente por violação ao Direito a não autoincriminação e ao Princípio da Não-Culpabilidade. A única interpretação e aplicação viável do referido dispositivo legal é aquela que considera que acaso o suposto infrator não colabore nos testes e exames, sujeitar-se-á à apuração do Agente de Trânsito por meio de todas as provas licitamente admitidas, mas somente sofrendo qualquer sanção após o devido processo legal administrativo sob o crivo da ampla defesa e do contraditório.

13- A Lei 11.705/08 alterou os critérios de aplicação da Lei 9099/95 a certos crimes de trânsito. Para aqueles crimes cuja pena máxima não ultrapassa dois anos, inclusive a lesão culposa do trânsito e o crime de "racha" na época (respectivamente artigos 303, *caput* e 308, CTB), nada se alterou, pois que o *caput* do artigo 291, CTB, não sofreu mudanças. Para esses crimes continuou então válida a aplicação total da Lei 9.099/95. No entanto, a alteração promovida no antigo Parágrafo Único do dispositivo sob comento que hoje foi cindido em dois parágrafos, afastou a possibilidade de aplicação parcial da Lei 9.099/95 ao crime de embriaguez ao volante (art. 306, CTB). Por seu turno, continuou sendo possível a aplicação parcial da Lei 9.099/95 aos crimes de lesões culposas do trânsito com aumento de pena (art. 303, § 1º, CTB – nova redação da Lei 13.546/17). Nesse aspecto não houve ingerência da novel Lei 12.760/12. Com o advento da Lei 12.971/14 e o aumento da pena máxima abstratamente cominada para o crime de Racha do artigo 308, CTB para 3 (três) anos, este deixa definitivamente de ser infração de menor potencial, não lhe podendo ser aplicados doravante os institutos da Lei 9.099/95, tirante a Suspensão Condicional do Processo, nos termos do artigo 89 da Lei

9.099/95, eis que sua pena mínima não ultrapassa um ano (6 meses).

14-Não obstante o exposto no item anterior, a Lei 11.705/08 excepciona três casos dispostos no artigo 291, § 1°, I, II e III, CTB, nos quais, nem mesmo nos casos de lesões culposas com aumento de pena será possível a aplicação, sequer parcial da Lei 9.099/95. Também aqui não houve qualquer modificação pela "Nova Lei Seca". Também não são aplicáveis os benefícios da Lei 9.099/95 estendidos pelo artigo 291, § 1º, CTB à lesão corporal culposa grave ou gravíssima quando esta se operar durante disputa de racha, não somente pela pena que, nos termos do artigo 308, § 1º, CTB, com a nova redação dada pela Lei 12.971/14, passa a ser de "reclusão de 3 a 6 anos", como também por força do dispositivo impeditivo do artigo 291, § 1º, II, CTB.

15- Aos crimes de embriaguez ao volante (art. 306, CTB) e de lesões culposas do trânsito com aumento de pena, nos casos impeditivos legalmente previstos (art. 303, § 1º c/c 291, § 1°, I, II ou III, CTB), está vedada a aplicação de qualquer instituto ligado às infrações de menor potencial ofensivo. Aos autores desses crimes, porém, pode ser aplicado o instituto da suspensão condicional do processo, previsto no artigo 89 da Lei 9.099/95, o qual não é exclusivo para infrações de menor potencial. Novamente não houve alteração dessas disposições pela Lei 12.760/12. Repise-se que agora, com a conversão da pena máxima abstratamente cominada ao artigo 308, CTB para 3 (três) anos pela Lei 12.971/14, este crime também passa a ser afastado das benesses da Lei dos Juizados Especiais Criminais, pois que supera o patamar de 2 anos de pena máxima previsto no artigo 61 do último diploma mencionado. Não obstante, mantendo-se a pena mínima abstrata em 6 meses se pode aplicar a Suspensão Condicional do Processo que, de acordo com o artigo 89 da Lei 9.099/95, é cabível a toda infração penal cuja pena mínima não supere 1 ano.

16-Nos casos de extensão dos institutos dos artigos 74, 76 e 88 da Lei 9.099/95 aos crimes de lesões culposas no trânsito com aumento de pena, somente estes institutos específicos serão aplicados na fase judicial e não a Lei 9.099/95 como um todo, sendo, portanto possível a Prisão em Flagrante e apuração dos fatos em sede de Inquérito Policial, sem substituição por Termo Circunstanciado. Atualmente o § 2º do artigo 291, CTB, é expresso neste sentido. Não houve ingerência da Lei 12.760/12 nesse aspecto.

3 – Conclusão

17- Em havendo qualquer uma das circunstâncias impeditivas dos três incisos do § 1°, do artigo 291, CTB, o crime de lesão culposa no trânsito com aumento de pena passa a ser de ação penal pública incondicionada. Também essa conclusão continua válida e incólume com o advento da Lei 12.760/12.

18- Os incisos impeditivos do dispositivo supramencionado e a norma de extensão do mesmo comando legal referem-se somente às lesões corporais culposas com aumento de pena (art. 303, § 1°, CTB). Não abrangem as lesões culposas simples (art. 303, CTB), as quais são naturalmente infrações de menor potencial, sujeitando-se à disciplina total da Lei 9.099/95. Conclusão que continua válida com a Lei 12.760/12.

19- A alteração promovida no artigo 296, CTB, pela Lei 11.705/08, fez com que a aplicação da pena acessória de suspensão do direito de dirigir para os reincidentes em crimes de trânsito se convertesse de faculdade judicial em dever do julgador. O artigo 296, CTB não foi objeto da Lei 12.760/12.

20- A reincidência que enseja a pena acessória supramencionada é a específica em crimes de trânsito (artigos 302 a 312, CTB).

21- O novo artigo 306, CTB (embriaguez ao volante) que era somente de perigo abstrato de acordo com a redação dada pela Lei 11.705/08, passa a ostentar duas hipóteses sob a égide da nova Lei 12.760/12: No caso do artigo 306, § 1°, I, CTB o crime continua sendo de perigo abstrato, pois que segue utilizando para a caracterização da embriaguez taxas de alcoolemia previamente estabelecidas na lei. Já no caso do artigo 306, § 1°, II, CTB, mencionando a legislação sinais que indiquem alteração da capacidade psicomotora, o crime é de perigo concreto, já que tais sinais deverão ser demonstrados e comprovados em cada caso. O tipo penal torna-se, portanto, anômalo, pois que é parcialmente de perigo abstrato e parcialmente de perigo concreto.

22- A Lei 11.705/08 mudou o critério para configuração de infração ao artigo 306, CTB, no que tange à ebriedade etílica. Antes a lei apenas descrevia a conduta de dirigir sob "influência de álcool", sem estabelecer uma taxa específica de alcoolemia. A redação da Lei 11.705/08 passou a utilizar o critério de uma taxa de alcoolemia igual ou superior a 0,6 g/l. Com o advento da Lei 12.760/12 esse critério é mantido no artigo 306, § 1°, I, CTB, mas é complementado por outros meios de comprovação, ampliando o campo de aplicação da norma no artigo 306, § 1º, II, CTB. Com isso a extrema debilidade do crime do artigo 306, CTB, tendo como elemento do crime a taxa de alcoolemia como opção única é superada, retomando-se o antigo sistema da responsabilização pela direção sob influência de álcool ou substância psicoativa. Por seu turno, a Lei 12.971/14, alterando a redação dos §§ 2º e 3º do artigo 306, CTB, deixou claro que o teste de etilômetro é medida de alcoolemia, tanto quanto o exame direto do sangue.

23- A opção do legislador na época da Lei 11.705/08, exposta no item anterior foi prenhe de dificuldades para a aplicação do dispositivo e inclusive para a execução de prisões em flagrante. Isso porque passava a ser imprescindível a comprovação de determinada taxa de alcoolemia, a qual não pode ser aferida por simples exame clínico como outrora. A obtenção da prova necessária para os respectivos procedimentos ficava na dependência da colaboração espontânea do próprio implicado, o qual não pode ser compelido a produzir prova contra si mesmo, sob pena de violação de princípios constitucionais anteriormente mencionados. Com o advento da Lei 12.760/12 o Estado retoma as rédeas da produção da prova sem necessidade de colaboração do suspeito e violação do direito à não-autoincriminação. Uma das principais virtudes da Nova Lei Seca é a revitalização do Exame Clínico de Embriaguez a ser realizado por perito Médico-Legista sem necessidade de colaboração do investigado.

24- Os critérios penal e administrativo para configuração da embriaguez ao volante (artigos 165 e 306, CTB) são diversos. Administrativamente foi adotada a "tolerância zero", mas criminalmente só se configura o tipo penal com uma taxa de alcoolemia igual ou superior a 0,6 g/l ou por meio de sinais que indiquem alteração da capacidade psicomotora. A atuação legislativa é correta, pois exige mais para a infração penal e menos para a administrativa.

25- Se o condutor suspeito não aceitasse fazer a coleta para exame de sangue ou submeter-se ao etilômetro não seria possível a Prisão em Flagrante e nem a comprovação da materialidade delitiva na época da Lei 11.705/08. Entretanto, com o advento da Lei 12.760/12 e seu artigo 306, § 1º, II, CTB, ampliando os meios de prova admitidos e, principalmente, revitalizando o exame clínico, essa negativa do suspeito em nada impede a atuação estatal repressiva e investigatória. A lei agora

3 – Conclusão

descreve como criminosa a conduta de dirigir veículo automotor com a capacidade psicomotora alterada em razão de influência de álcool ou outra substância psicomotora que determine dependência. No entanto, arrola duas formas alternativas para a constatação dessa situação no § 1º, incisos I e II, uma delas são os exames de alcoolemia, mas outras são as aferições por vários meios lícitos de sinais que indiquem a ebriedade, especialmente o exame clínico.

26-O legislador, conforme se vê, foi extremamente infeliz ao substituir a velha fórmula da "influência de álcool" pelo critério de uma determinada taxa de alcoolemia quando da Lei 11.705/08, o que o levou a proceder às reformas supramencionadas agora através da Lei 12.760/12.

27-Quando for realizado o teste do etilômetro, recomenda-se a juntada do resultado impresso pelo aparelho aos autos e a elaboração de uma prova inominada que seria uma espécie de "Auto de Constatação", onde a Autoridade Policial narraria todo o teor e os resultados das diligências. Esse "Auto de Constatação" assumirá ainda maior relevância quando se tratarem de etilômetros que não disponibilizam a impressão dos resultados dos testes.

28-O teste por etilômetro não constitui prova pericial e deve ser incluído nos autos do procedimento respectivo na forma de prova documental, através do resultado impresso e do "Auto de Constatação" sobredito.

29-Não sendo prova pericial, o teste do etilômetro dispensa a presença de peritos, pois que não exige para sua realização a detenção de conhecimentos especiais técnicos, científicos, práticos ou artísticos.

30-O fato de não ser prova pericial não inibe a conclusão de que o teste do etilômetro é suficiente para comprovar a materialidade do crime sob comento. Ocorre que o avanço tecnológico possibilita atualmente a aferição de taxas de alcoolemia por leigos, mediante um breve treinamento no manuseio da aparelhagem adequada, que supre a necessidade da presença de um homem detentor de conhecimentos técnicos e científicos, bem como de procedimentos laboratoriais específicos. O aparelho simplesmente oferta o resultado final que é apenas lido e comparado aos níveis legal e regulamentarmente fixados.

31-No que se refere às causas de aumento de pena para o homicídio e a lesão culposa no trânsito em virtude de embriaguez do condutor o legislador revogou (art. 9º, da Lei 11.705/08) o Parágrafo Único, inciso V, do artigo 302, CTB outrora também aplicável ao artigo 303 do mesmo diploma. A Lei 12.760/12 não revitalizou esse aumento, o que a nosso ver foi uma perda de oportunidade para ao menos abrandar a sanha punitivista que tende atualmente a desvirtuar a teoria do dolo eventual e da culpa consciente em casos de crimes de trânsito. Contudo, atualmente, a Lei 13.546/17 voltou a exacerbar as penas dos artigos 302 e 303, CTB quando o autor do crime estiver embriagado, desta feita prevendo duas novas qualificadoras (artigos 302, § 3º e artigo 303, § 2º, CTB).

32-Nos casos de ebriedade em homicídios ou lesões culposas no trânsito, o crime de embriaguez ao volante segue sendo absorvido, enquanto elemento conformador da imprudência, isso segundo nosso entendimento e de alguns outros autores na doutrina que, não obstante, é rechaçado por recentes decisões do STJ, o qual não admite a consunção e apregoa o concurso de crimes (vide STJ, RE 1629107, 5ª Turma). Com a previsão da qualificadora no homicídio culposo pela Lei 13.546/17, contudo, não existe qualquer dúvida quanto à solução da absorção, pois haveria "*bis in idem*", a ebriedade como qualificadora e como crime em concurso. No caso das lesões culposas, porém, sendo a qualificadora tipificada apenas quando houver ebriedade "e" (conjunção aditiva) resultados lesões graves ou gravíssimas, a discussão quanto ao concurso ou absorção do 306, CTB segue existindo no caso de resultado lesões leves, sendo de destacar que o entendimento prevalente, segundo o STJ, conforme já exposto, é pelo concurso de infrações penais.

33-Para a direção sob a influência de outras substâncias psicoativas que causem dependência o legislador não mudou o critério, mediante a determinação de uma concentração no sangue nem na Lei 11.705/08, nem atualmente com a Lei 12.760/12. Nestes casos seguiu sempre válido o procedimento amplo de prova, sem imprescindibilidade do exame toxicológico, inclusive valendo o exame clínico como suficiente para a Prisão em Flagrante e a prova da infração.

34- As outras substâncias psicoativas de que fala a lei abrangem tanto as chamadas drogas ilícitas como as lícitas, ou seja, qualquer substância que cause dependência e provoque alterações sensíveis e relevantes no psiquismo das pessoas, prejudicando sua capacidade de dirigir automotores com segurança no tráfego viário.

35-Mesmo quando a Autoridade Policial não tiver condições de prender em flagrante aquele que lhe é apresentado sob forte suspeita de haver con-

3 – Conclusão

duzido automotor sob influência de álcool, estará autorizada pela lei (art. 165 c/c 276, CTB) a proceder à retenção do veículo e ao recolhimento da CNH. Trata-se de medida administrativa legal, pois que nesse âmbito a direção sob influência de qualquer concentração de álcool no sangue é proibida e sujeita o infrator às penalidades e medidas correlatas.

36-Seja no bojo da Lei 11.705/08 ou da novel Lei 12.760/12 não há nenhum dispositivo que tenha expressamente determinado que a partir de sua vigência a prática de homicídio ou lesão corporal na direção de veículo automotor, estando o agente ébrio, configurará crime doloso, por incidência de dolo eventual. Nem mesmo indiretamente se pode chegar a tal conclusão, que configuraria um atávico retorno ao superado modelo da "responsabilidade penal objetiva". Hoje como outrora, a decisão acerca da presença de culpa consciente ou dolo eventual depende da análise detida de cada caso concreto sob os enfoques objetivo e, principalmente, subjetivo. Como visto, isso ainda se reforça mais com o advento da Lei 13.546/17 e a previsão da ebriedade como qualificadora do homicídio e da lesão culposa no trânsito.

37-O artigo 306, CTB, com a nova redação dada pela Lei 12.760/12, embora faça menção a regulamentações pelo Contran quanto a equivalência de testes de alcoolemia (§ 3º) e aferição de sinais que indiquem alteração da capacidade psicomotora (artigo 306, § 1º, II e § 2º, CTB), não é norma penal em branco. Trata-se de dispositivo autoaplicável, pois que em seu próprio bojo já traz as equivalências sobreditas (artigo 306, § 1º, I, CTB) e as formas de aferição probatória dos sinais de ebriedade (§ 2º), as quais, ademais, podem ser realizadas de acordo com o Código de Processo Penal, que é o diploma legítimo para o regramento da matéria da prova em tema criminal e não mera Resolução do Contran. Inobstante isso, foi editada a Resolução Contran 432 em 23 de janeiro de 2013.

38-Outra alteração de monta levada a efeito pela Lei 12.760/12 no artigo 306, CTB é que na redação do tipo penal não há mais referência a que a conduta se processe na "via pública". Embora o tema ainda possa ser objeto de discussão, entendemos que atualmente o crime pode ser cometido em logradouros públicos ou particulares, desde que a conduta produza realmente algum perigo a bens jurídicos.

39-Na mesma senda da reformulação do Código de Processo Penal, passa a prever o § 2º, "*in fine*", do artigo 306, CTB, com a nova redação dada pela Lei 12.760/12, o direito à contraprova, respeitando o devido processo legal, contraditório e ampla defesa.

40-A Lei 12.971/14 foi muito infeliz ao alterar a redação do artigo 302, CTB, prevendo em seu § 2º, a mesma pena quantitativamente falando, somente alterando sua qualidade de detenção para reclusão quando o Homicídio Culposo no Trânsito for perpetrado por agente ébrio ou em disputa de racha. Foi ainda mais infeliz ao criar a mesma conduta com pena bem maior no artigo 308, § 2º, CTB para a morte culposa em situação de racha. Isso ensejava uma dificuldade ou mesmo impossibilidade interpretativa dos dispositivos previstos nos artigos 302, § 2º, CTB e 308, § 2º, CTB, sendo de se concluir que este último, por força do Princípio do "Favor Rei" e da Proporcionalidade em relação ao agente ébrio, se tornaria letra morta. Restaria então a débil aplicação do artigo 302, § 2º, CTB tanto para o caso de Homicídio Culposo no Trânsito com agente embriagado como com agente em disputa de racha. A conclusão é que o melhor que poderia ter ocorrido seria a Lei 12.971/14 nunca ter existido ou então ser imediatamente revogada para elaboração de um diploma decente. Isso é parcialmente consertado pelo advento da Lei 13.281/16, que revoga o famigerado § 2º, do artigo 302, CTB. A morte em situação de "racha", passa então a ser induvidosamente tipificada no artigo 308, § 2º, CTB. Restava, porém, a lacuna do tratamento do homicídio e lesão culposos com o motorista embriagado, o que é colmatado pelas qualificadoras previstas pela Lei 13.546/17. Entretanto, não se consegue vislumbrar razão para que a lesão ou homicídio culposo qualificados pelo "racha" tenham penas maiores que os mesmos crimes qualificados pela embriaguez (comparem-se os §§ 1º e 2º do artigo 308, CTB e os §§ 3º, do artigo 302, CTB e 2º, do artigo 303, CTB, com a redação da Lei 13.546/17 e verifique-se visível violação da proporcionalidade).

Em desfecho vale salientar que o presente estudo apenas consiste na formulação das primeiras reflexões sobre o tema discutido, ainda em um momento em que a doutrina é incipiente. Certamente, os assuntos aventados serão melhor desenvolvidos e ampliados ao longo do tempo. Este trabalho terá cumprido sua missão se puder exercer a função da proposta de uma reflexão e debate inicial sobre as inovações legislativas operadas no Código de Trânsito Brasileiro com o advento da Lei 12.760/12 e sua correlação com o tratamento antecedentemente dado pela Lei 11.705/08, bem como com o lamentável advento da Lei 12.971/14, posteriormente colmatada parcialmente pelas Leis 13.281/16 e 13.546/17.

4 REFERÊNCIAS

ÁVILA, Humberto. *Teoria dos Princípios*. 7ª. ed. São Paulo: Malheiros, 2007.

BECHARA, Ana Elisa Liberatore S. "Caso Isabella": violência, mídia e Direito Penal de emergência. *Boletim IBCCrim*. n. 186, maio, p. 16-17, 2008.

BRUNO, Aníbal. *Direito Penal*. Volume I. Tomo IV. Rio de Janeiro: Forense, 1966.

CABETTE, Eduardo Luiz Santos. Lei 12.971/14 e suas alterações na parte penal do Código de Trânsito Brasileiro: o ápice da insanidade na legislação pátria. Disponível em www.jusbrasil.com.br , acesso em 09.11.2014.

CAPEZ, Fernando, GONÇALVES, Victor Eduardo Rios. *Aspectos Criminais do Código de Trânsito Brasileiro*. 2ª ed. São Paulo: Saraiva, 1999.

CAPEZ, Fernando. *Curso de Direito Penal*. Volume 1. 9ª ed. São Paulo: Saraiva, 2005.

_____. *Curso de Direito Penal*. Volume 4. 2ª. ed. São Paulo: Saraiva, 2007.

CRIME de lesão corporal na direção de veículo não permite absorção do delito de embriaguez ao volante. Disponível em www.stj.jus.br, acesso em 26.04.2018.

CROCE, Delton, CROCE JÚNIOR, Delton. *Manual de Medicina Legal*. 5ª ed. São Paulo: Saraiva, 2004.

CRUZ, Rogério Schietti Machado. Embriaguez ao volante: recusa a produzir prova não exclui o crime. Disponível em www.jusnavigandi.com.br, acesso em 31.07.2008.

DELMANTO, Celso, et al. *Código Penal Comentado*. 6ª ed. Rio de Janeiro: Renovar, 2002.

DOTTI, René Ariel. Jurisprudência e Direito Penal. *Revista Brasileira de Ciências Criminais*. n. 58, jan.-fev., p. 195-204, 2006.

FERRAJOLI, Luigi. *Direito e Razão*. Trad. Ana Paula Zomer et al. São Paulo: RT, 2002.

GOMES, Luiz Flávio (coord.), et al. *Nova Lei de Drogas Comentada*. São Paulo: RT, 2006.

_____. Reforma do Código de Trânsito (Lei n. 11.705/2008): novo delito de embriaguez ao volante. Disponível em www.jusnavigandi.com.br, acesso em 04/07/2008.

GRECO, Luís. Princípio da Ofensividade e crimes de perigo abstrato – Uma introdução ao debate sobre o bem jurídico e as estruturas do delito. *Revista Brasileira de Ciências Criminais*. n. 49, jul./ago., p. 89-147, 2004.

GUILLEBAUD, Jean-Claude. *A força da convicção – Em que podemos crer?* Trad. Maria Helena Kühner. Rio de Janeiro: Bertrand Brasil, 2007.

HENRY, Michel. *A Barbárie*. Trad. Luiz Paulo Rouanet. São Paulo: É Realizações, 2012.

HONORATO, Cássio Mattos. Sanções de trânsito na *common law*: análise doutrinária e estudo de direito comparado dos sistemas jurídicos inglês e norte-americano. *Revista Brasileira de Ciências Criminais*. São Paulo: RT, n. 52, jan./fev., p. 71-134, 2005.

JESUS, Damásio Evangelista de. *Crimes de Trânsito*. 5ª ed. São Paulo: Saraiva, 2002.

LAMPEDUSA, Giuseppe. *O Leopardo*. Trad. Leonardo Codignoto. São Paulo: Nova Cultural, 2002.

LEAL, JOÃO JOSÉ, LEAL, Rodrigo José. Embriaguez ao volante, infração de trânsito e penalidades administrativas: comentários aos arts. 165, 276 e 277 do CTB. Disponível em www.jusnavigandi.com.br, acesso em 05.09.2008.

LOPES, Maurício Antonio Ribeiro. *Crimes de Trânsito*. São Paulo: RT, 1998.

MALATESTA, Nicola Framarino Dei. *A lógica das provas em matéria criminal*. Trad. Paolo Capitanio. Campinas: Bookseller, 1996.

MARANHÃO, Odon Ramos. *Curso Básico de Medicina Legal*. 7ª ed. São Paulo: Malheiros, 1995.

MARCÃO, Renato. *Crimes de Trânsito*. 3ª. ed. São Paulo: Saraiva, 2011.

_____. Embriaguez ao volante, exames de alcoolemia e teste do bafômetro. Uma análise do novo art. 306, *caput*, da Lei 9.503/1997 (Código de Trânsito Brasileiro). Disponível em www.jusnavigandi.com.br, acesso em 11.07.2008.

MAXIMILIANO, Carlos. *Hermenêutica e Aplicação do Direito*. 18ª. ed. Rio de Janeiro: Forense, 1999.

MIRABETE, Julio Fabbrini, FABBRINI, Renato N. *Manual de Direito Penal*. Volume II. 25ª ed. São Paulo: Atlas, 2007.

MIRABETE, Julio Fabbrini. *Processo Penal*. 18ª. ed. São Paulo: Atlas, 2006.

MITTERMAIER, C.J.A. *Tratado da Prova em Matéria Criminal*. 2ª ed. Trad. Herbert Wützel Heinrich. Campinas: Bookseller, 1997.

PAVÓN, Pilar Gómez. *El delito de conducción bajo la influencia de bebidas alcohólicas, drogas tóxicas o estupefacientes*. Barcelona: Bosch, 1985.

PIRES, Ariosvaldo de Campos, SALES, Sheila Jorge Selim de. *Crimes de Trânsito na Lei 9503/97*. Belo Horizonte: Del Rey, 1998.

PRIGOGINE, Ilya, STENGERS, Isabelle. *A nova aliança: a metamorfose da ciência*. Brasília: UNB, 1986.

QUEIJO, Maria Elizabeth. *O Direito de não produzir prova contra si mesmo*. São Paulo: Saraiva, 2003.

RIZZARDO, Arnaldo. *Comentários ao Código de Trânsito Brasileiro*. 4ª ed. São Paulo: RT, 2003.

SÁNCHEZ, Jesús-María Silva. *A Expansão do Direito Penal*. Trad. Luiz Otavio de Oliveira Rocha. São Paulo: RT, 2002.

SANNINI NETO, Francisco, CABETTE, Eduardo Luiz Santos. Lei 12.760/2012: A Nova Lei Seca. Disponível em www.jus.com.br, acesso em 28.12.2012.

SILVEIRA, Renato de Mello Jorge. *Direito Penal Supra-Individual*. São Paulo: RT, 2003.

ANEXOS

ANEXO I - LEI 11.705/08

Presidência da República
Casa Civil
Subchefia para Assuntos Jurídicos

LEI Nº 11.705, DE 19 DE JUNHO DE 2008.

Mensagem de Veto
Conversão da Medida
Provisória nº 415, de 2008

Altera a Lei nº 9.503, de 23 de setembro de 1997, que 'institui o Código de Trânsito Brasileiro', e a Lei nº 9.294, de 15 de julho de 1996, que dispõe sobre as restrições ao uso e à propaganda de produtos fumígeros, bebidas alcoólicas, medicamentos, terapias e defensivos agrícolas, nos termos do § 4º do art. 220 da Constituição Federal, para inibir o consumo de bebida alcoólica por condutor de veículo automotor, e dá outras providências.

O PRESIDENTE DA REPÚBLICA Faço saber que o Congresso Nacional decreta e eu sanciono a seguinte Lei:

Art. 1º Esta Lei altera dispositivos da Lei nº 9.503, de 23 de setembro de 1997, que institui o Código de Trânsito Brasileiro, com a finalidade de estabelecer alcoolemia 0 (zero) e de impor penalidades mais severas para o condutor que dirigir sob a influência do álcool, e da Lei nº 9.294, de 15 de julho de 1996, que dispõe sobre as restrições ao uso e à propaganda de produtos fumígeros, bebidas alcoólicas, medicamentos, terapias e defensivos agrícolas, nos termos do § 4º do art. 220 da Constituição Federal, para obrigar os estabelecimentos comerciais em que se vendem ou oferecem bebidas alcoólicas a estampar, no recinto, aviso de que constitui crime dirigir sob a influência de álcool.

Art. 2º São vedados, na faixa de domínio de rodovia federal ou em terrenos contíguos à faixa de domínio com acesso direto à rodovia, a venda varejista ou o oferecimento de bebidas alcoólicas para consumo no local.

§ 1º A violação do disposto no *caput* deste artigo implica multa de R$ 1.500,00 (um mil e quinhentos reais).

§ 2º Em caso de reincidência, dentro do prazo de 12 (doze) meses, a multa será aplicada em dobro, e suspensa a autorização de acesso à rodovia, pelo prazo de até 1 (um) ano.

§ 3º Não se aplica o disposto neste artigo em área urbana, de acordo com a delimitação dada pela legislação de cada município ou do Distrito Federal.

Art. 3º Ressalvado o disposto no § 3º do art. 2º desta Lei, o estabelecimento comercial situado na faixa de domínio de rodovia federal ou em terreno contíguo à faixa de domínio com acesso direto à rodovia, que inclua entre suas atividades a venda varejista ou o fornecimento de bebidas ou alimentos, deverá afixar, em local de ampla visibilidade, aviso da vedação de que trata o art. 2º desta Lei.

Parágrafo único. O descumprimento do disposto no *caput* deste artigo implica multa de R$ 300,00 (trezentos reais).

Art. 4º Competem à Polícia Rodoviária Federal a fiscalização e a aplicação das multas previstas nos arts. 2º e 3º desta Lei.

§ 1º A União poderá firmar convênios com Estados, Municípios e com o Distrito Federal, a fim de que estes também possam exercer a fiscalização e aplicar as multas de que tratam os arts. 2º e 3º desta Lei.

§ 2º Configurada a reincidência, a Polícia Rodoviária Federal ou ente conveniado comunicará o fato ao Departamento Nacional de Infraestrutura de Transportes – DNIT ou, quando se tratar de rodovia concedida, à Agência Nacional de Transportes Terrestres – ANTT, para a aplicação da penalidade de suspensão da autorização de acesso à rodovia.

Art. 5º A Lei nº 9.503, de 23 de setembro de 1997, passa a vigorar com as seguintes modificações:

I – o art. 10 passa a vigorar acrescido do seguinte inciso XXIII:

"Art. 10. ....

....

XXIII – 1 (um) representante do Ministério da Justiça.

...." (NR)

II – o *caput* do art. 165 passa a vigorar com a seguinte redação:

"Art. 165. Dirigir sob a influência de álcool ou de qualquer outra substância psicoativa que determine dependência:

Infração – gravíssima;

Penalidade – multa (cinco vezes) e suspensão do direito de dirigir por 12 (doze) meses;

Medida Administrativa – retenção do veículo até a apresentação de condutor habilitado e recolhimento do documento de habilitação.

...." (NR)

III – o art. 276 passa a vigorar com a seguinte redação:

"Art. 276. Qualquer concentração de álcool por litro de sangue sujeita o condutor às penalidades previstas no art. 165 deste Código.

Parágrafo único. Órgão do Poder Executivo federal disciplinará as margens de tolerância para casos específicos." (NR)

IV – o art. 277 passa a vigorar com as seguintes alterações:

"Art. 277. ....

....

§ 2º A infração prevista no art. 165 deste Código poderá ser caracterizada pelo agente de trânsito mediante a obtenção de outras provas em direito admitidas, acerca dos notórios sinais de embriaguez, excitação ou torpor apresentados pelo condutor.

§ 3º Serão aplicadas as penalidades e medidas administrativas estabelecidas no art. 165 deste Código ao condutor que se recusar a se submeter a qualquer dos procedimentos previstos no *caput* deste artigo." (NR)

V – o art. 291 passa a vigorar com as seguintes alterações:

"Art. 291. ....

§ 1º Aplica-se aos crimes de trânsito de lesão corporal culposa o disposto nos arts. 74, 76 e 88 da Lei nº 9.099, de 26 de setembro de 1995, exceto se o agente estiver:

I – sob a influência de álcool ou qualquer outra substância psicoativa que determine dependência;

II – participando, em via pública, de corrida, disputa ou competição automobilística, de exibição ou demonstração de perícia em manobra de veículo automotor, não autorizada pela autoridade competente;

III – transitando em velocidade superior à máxima permitida para a via em 50 km/h (cinqüenta quilômetros por hora).

§ 2º Nas hipóteses previstas no § 1º deste artigo, deverá ser instaurado inquérito policial para a investigação da infração penal." (NR)

VI – o art. 296 passa a vigorar com a seguinte redação:

"Art. 296. Se o réu for reincidente na prática de crime previsto neste Código, o juiz aplicará a penalidade de suspensão da permissão ou habilitação para dirigir veículo automotor, sem prejuízo das demais sanções penais cabíveis." (NR)

VII – (VETADO)

VIII – o art. 306 passa a vigorar com a seguinte alteração:

"Art. 306. Conduzir veículo automotor, na via pública, estando com concentração de álcool por litro de sangue igual ou superior a 6 (seis) decigramas, ou sob a influência de qualquer outra substância psicoativa que determine dependência:

....

Parágrafo único. O Poder Executivo federal estipulará a equivalência entre distintos testes de alcoolemia, para efeito de caracterização do crime tipificado neste artigo." (NR)

Art. 6º Consideram-se bebidas alcoólicas, para efeitos desta Lei, as bebidas potáveis que contenham álcool em sua composição, com grau de concentração igual ou superior a meio grau Gay-Lussac.

Art. 7º A Lei nº 9.294, de 15 de julho de 1996, passa a vigorar acrescida do seguinte art. 4º-A:

"Art. 4o-A. Na parte interna dos locais em que se vende bebida alcoólica, deverá ser afixado advertência escrita de forma legível e ostensiva de que é crime dirigir sob a influência de álcool, punível com detenção."

Art. 8º Esta Lei entra em vigor na data de sua publicação.

Art. 9º Fica revogado o inciso V do parágrafo único do art. 302 da Lei no 9.503, de 23 de setembro de 1997.

Brasília, 16 de junho de 2008; 187º da Independência e 120º da República.

LUIZ INÁCIO LULA DA SILVA
Tarso Genro
Alfredo Nascimento
Fernando Haddad
José Gomes Temporão
Marcio Fortes de Almeida
Jorge Armando Felix

Este texto não substitui o publicado no DOU de 20.6.2008

ANEXO II – DECRETO 6.488/08

Presidência da República
Casa Civil
Subchefia para Assuntos Jurídicos

DECRETO Nº 6.488, DE 19 DE JUNHO DE 2008.

> Regulamenta os arts. 276 e 306 da Lei nº 9.503, de 23 de setembro de 1997 – Código de Trânsito Brasileiro, disciplinando a margem de tolerância de álcool no sangue e a equivalência entre os distintos testes de alcoolemia para efeitos de crime de trânsito.

O PRESIDENTE DA REPÚBLICA, no uso da atribuição que lhe confere o art. 84, inciso IV, da Constituição, e tendo em vista o disposto nos arts. 276 e 306 da Lei nº 9.503, de 23 de setembro de 1997 – Código de Trânsito Brasileiro,

DECRETA:

Art.1º Qualquer concentração de álcool por litro de sangue sujeita o condutor às penalidades administrativas do art. 165 da Lei nº 9.503, de 23 de setembro de 1997 – Código de Trânsito Brasileiro, por dirigir sob a influência de álcool.

§ 1º As margens de tolerância de álcool no sangue para casos específicos serão definidas em resolução do Conselho Nacional de Trânsito – CONTRAN, nos termos de proposta formulada pelo Ministro de Estado da Saúde.

§ 2º Enquanto não editado o ato de que trata o § 1º, a margem de tolerância será de duas decigramas por litro de sangue para todos os casos.

§ 3º Na hipótese do § 2º, caso a aferição da quantidade de álcool no sangue seja feito por meio de teste em aparelho de ar alveolar pulmonar (etilômetro), a margem de tolerância será de um décimo de miligrama por litro de ar expelido dos pulmões.

Art. 2º Para os fins criminais de que trata o art. 306 da Lei nº 9.503, de 1997 – Código de Trânsito Brasileiro, a equivalência entre os distintos testes de alcoolemia é a seguinte:

I – exame de sangue: concentração igual ou superior a seis decigramas de álcool por litro de sangue; ou

II – teste em aparelho de ar alveolar pulmonar (etilômetro): concentração de álcool igual ou superior a três décimos de miligrama por litro de ar expelido dos pulmões.

Art.3º Este Decreto entra em vigor na data de sua publicação.

Brasília, 19 de junho de 2008; 187º da Independência e 120º da República.

LUIZ INÁCIO LULA DA SILVA
Tarso Genro
José Gomes Temporão
Marcio Fortes de Almeida
Jorge Armando Felix

Este texto não substitui o publicado no DOU de 20.6.2008

ANEXO III – LEI 12.760, DE 20 DE DEZEMBRO DE 2012

Presidência da República
Casa Civil
Subchefia para Assuntos Jurídicos

LEI Nº 12.760, DE 20 DE DEZEMBRO DE 2012.

>Altera a Lei nº 9.503, de 23 de setembro de 1997, que institui o Código de Trânsito Brasileiro.

A PRESIDENTA DA REPÚBLICA Faço saber que o Congresso Nacional decreta e eu sanciono a seguinte Lei:

Art. 1º Os arts. 165, 262, 276, 277 e 306 da Lei nº 9.503, de 23 de setembro de 1997, passam a vigorar com as seguintes alterações:

"Art. 165. ....

....

Penalidade-multa (dez vezes) e suspensão do direito de dirigir por 12 (doze) meses.

Medida administrativa – recolhimento do documento de habilitação e retenção do veículo, observado o disposto no § 4º do art. 270 da Lei nº 9.503, de 23 de setembro de 1997 – do Código de Trânsito Brasileiro.

Parágrafo único. Aplica-se em dobro a multa prevista no *caput* em caso de reincidência no período de até 12 (doze) meses."(NR)

"Art. 262. ....

....

§ 5º O recolhimento ao depósito, bem como a sua manutenção, ocorrerá por serviço público executado diretamente ou contratado por licitação pública pelo critério de menor preço."(NR)

"Art. 276. Qualquer concentração de álcool por litro de sangue ou por litro de ar alveolar sujeita o condutor às penalidades previstas no art. 165.

Parágrafo único. O Contran disciplinará as margens de tolerância quando a infração for apurada por meio de aparelho de medição, observada a legislação metrológica."(NR)

"Art. 277. O condutor de veículo automotor envolvido em acidente de trânsito ou que for alvo de fiscalização de trânsito poderá ser submetido a teste, exame clínico, perícia ou outro procedimento que, por meios técnicos ou científicos, na forma disciplinada pelo Contran, permita certificar influência de álcool ou outra substância psicoativa que determine dependência.

§ 1º (Revogado).

§ 2º A infração prevista no art. 165 também poderá ser caracterizada mediante imagem, vídeo, constatação de sinais que indiquem, na forma disciplinada pelo Contran, alteração da capacidade psicomotora ou produção de quaisquer outras provas em direito admitidas.

...." (NR)

"Art. 306. Conduzir veículo automotor com capacidade psicomotora alterada em razão da influência de álcool ou de outra substância psicoativa que determine dependência:

....

§ 1º As condutas previstas no *caput* serão constatadas por:

I – concentração igual ou superior a 6 decigramas de álcool por litro de sangue ou igual ou superior a 0,3 miligrama de álcool por litro de ar alveolar; ou

II – sinais que indiquem, na forma disciplinada pelo Contran, alteração da capacidade psicomotora.

§ 2º A verificação do disposto neste artigo poderá ser obtida mediante teste de alcoolemia, exame clínico, perícia, vídeo, prova testemunhal ou outros meios de prova em direito admitidos, observado o direito à contraprova.

§ 3º O Contran disporá sobre a equivalência entre os distintos testes de alcoolemia para efeito de caracterização do crime tipificado neste artigo."(NR)

Art. 2º O Anexo I da Lei no 9.503, de 23 de setembro de 1997, fica acrescido das seguintes definições:

"ANEXO I

DOS CONCEITOS E DEFINIÇÕES

....

AGENTE DA AUTORIDADE DE TRÂNSITO-.............

AR ALVEOLAR – ar expirado pela boca de um indivíduo, originário dos alvéolos pulmonares.

....

ESTRADA- ....

ETILÔMETRO – aparelho destinado à medição do teor alcoólico no ar alveolar.

...."

Art. 3º Fica revogado o§ 1ºdo art . 277 da Lei nº 9.503, de 23 de setembro de 1997.

Art. 4º Esta Lei entra em vigor na data de sua publicação

Brasília, 20 de dezembro de 2012; 191º da Independência e 124º da República.

DILMA ROUSSEFF
José Eduardo Cardozo
Alexandre Rocha Santos Padilha
Aguinaldo Ribeiro

Este texto não substitui o publicado no DOU de 21.12.2012

ANEXO IV – RESOLUÇÃO CONTRAN 432, DE 23 DE JANEIRO DE 2013

RESOLUÇÃO Nº 432, DE 23 DE JANEIRO DE 2013.

Dispõe sobre os procedimentos a serem adotados pelas autoridades de trânsito e seus agentes na fiscalização do consumo de álcool ou de outra substância psicoativa que determine dependência, para aplicação do disposto nos arts. 165, 276, 277 e 306 da Lei nº 9.503, de 23 de setembro de 1997 – Código de Trânsito Brasileiro (CTB).

O CONSELHO NACIONAL DE TRÂNSITO, no uso das atribuições que lhe confere o art. 12, inciso I, da Lei nº 9.503, de 23 de setembro de 1997, que institui o Código de Trânsito Brasileiro, e nos termos do disposto no Decreto nº 4.711, de 29 de maio de 2003, que trata da coordenação do Sistema Nacional de Trânsito.

CONSIDERANDO a nova redação dos art. 165, 276, 277 e 302, da Lei nº 9.503, de 23 de setembro de 1997, dada pela Lei nº 12.760, de 20 de dezembro de 2012;

CONSIDERANDO o estudo da Associação Brasileira de Medicina de Tráfego, ABRAMET, acerca dos procedimentos médicos para fiscalização do consumo de álcool ou de outra substância psicoativa que determine dependência pelos condutores; e

CONSIDERANDO o disposto nos processos nºs 80001.005410/2006-70, 80001.002634/2006-20 e 80000.000042/2013-11;

RESOLVE,

Art. 1º Definir os procedimentos a serem adotados pelas autoridades de trânsito e seus agentes na fiscalização do consumo de álcool ou de outra substância psicoativa que determine dependência, para aplicação do disposto nos arts. 165, 276, 277 e 306 da Lei nº 9.503, de 23 de setembro de 1997 – Código de Trânsito Brasileiro (CTB).

Art. 2º A fiscalização do consumo, pelos condutores de veículos automotores, de bebidas alcoólicas e de outras substâncias psicoativas que determinem dependência deve ser procedimento operacional rotineiro dos órgãos de trânsito.

Art. 3º A confirmação da alteração da capacidade psicomotora em razão da influência de álcool ou de outra substância psicoativa que determine dependência dar-se-á por meio de, pelo menos, um dos seguintes procedimentos a serem realizados no condutor de veículo automotor:

I – exame de sangue;

II – exames realizados por laboratórios especializados, indicados pelo órgão ou entidade de trânsito competente ou pela Polícia Judiciária, em caso de consumo de outras substâncias psicoativas que determinem dependência;

III – teste em aparelho destinado à medição do teor alcoólico no ar alveolar (etilômetro);

IV – verificação dos sinais que indiquem a alteração da capacidade psicomotora do condutor.

§ 1º Além do disposto nos incisos deste artigo, também poderão ser utilizados prova testemunhal, imagem, vídeo ou qualquer outro meio de prova em direito admitido.

§ 2º Nos procedimentos de fiscalização deve-se priorizar a utilização do teste com etilômetro.

§ 3º Se o condutor apresentar sinais de alteração da capacidade psicomotora na forma do art. 5º ou haja comprovação dessa situação por meio do teste de etilômetro e houver encaminhamento do condutor para a realização do exame de sangue ou exame clínico, não será necessário aguardar o resultado desses exames para fins de autuação administrativa.

DO TESTE DE ETILÔMETRO

Art. 4º O etilômetro deve atender aos seguintes requisitos:

I – ter seu modelo aprovado pelo INMETRO;

II – ser aprovado na verificação metrológica inicial, eventual, em serviço e anual realizadas pelo Instituto Nacional de Metrologia, Qualidade e Tecnologia – INMETRO ou por órgão da Rede Brasileira de Metrologia Legal e Qualidade – RBMLQ;

Parágrafo único. Do resultado do etilômetro (medição realizada) deverá ser descontada margem de tolerância, que será o erro máximo admissível, conforme legislação metrológica, de acordo com a "Tabela de Valores Referenciais para Etilômetro" constante no Anexo I.

DOS SINAIS DE ALTERAÇÃO DA CAPACIDADE PSICOMOTORA

Art. 5º Os sinais de alteração da capacidade psicomotora poderão ser verificados por:

I – exame clínico com laudo conclusivo e firmado por médico perito; ou

II – constatação, pelo agente da Autoridade de Trânsito, dos sinais de alteração da capacidade psicomotora nos termos do Anexo II.

§ 1º Para confirmação da alteração da capacidade psicomotora pelo agente da Autoridade de Trânsito, deverá ser considerado não somente um sinal, mas um conjunto de sinais que comprovem a situação do condutor.

§ 2º Os sinais de alteração da capacidade psicomotora de que trata o inciso II deverão ser descritos no auto de infração ou em termo específico que contenha as informações mínimas indicadas no Anexo II, o qual deverá acompanhar o auto de infração.

DA INFRAÇÃO ADMINISTRATIVA

Art. 6º A infração prevista no art. 165 do CTB será caracterizada por:

I – exame de sangue que apresente qualquer concentração de álcool por litro de sangue;

II – teste de etilômetro com medição realizada igual ou superior a 0,05 miligrama de álcool por litro de ar alveolar expirado (0,05 mg/L), descontado o erro máximo admissível nos termos da "Tabela de Valores Referenciais para Etilômetro" constante no Anexo I;

III – sinais de alteração da capacidade psicomotora obtidos na forma do art. 5º.

Parágrafo único. Serão aplicadas as penalidades e medidas administrativas previstas no art. 165 do CTB ao condutor que recusar a se submeter a qualquer um dos procedimentos previstos no art. 3º, sem prejuízo da incidência do crime previsto no art. 306 do CTB caso o condutor apresente os sinais de alteração da capacidade psicomotora.

DO CRIME

Art. 7º O crime previsto no art. 306 do CTB será caracterizado por qualquer um dos procedimentos abaixo:

I – exame de sangue que apresente resultado igual ou superior a 6 (seis) decigramas de álcool por litro de sangue (6 dg/L);

II – teste de etilômetro com medição realizada igual ou superior a 0,34 miligrama de álcool por litro de ar alveolar expirado (0,34 mg/L), descontado o erro máximo admissível nos termos da "Tabela de Valores Referenciais para Etilômetro" constante no Anexo I;

III – exames realizados por laboratórios especializados, indicados pelo órgão ou entidade de trânsito competente ou pela Polícia Judiciária, em caso de consumo de outras substâncias psicoativas que determinem dependência;

IV – sinais de alteração da capacidade psicomotora obtido na forma do art. 5º.

§ 1º A ocorrência do crime de que trata o *caput* não elide a aplicação do disposto no art. 165 do CTB.

§ 2º Configurado o crime de que trata este artigo, o condutor e testemunhas, se houver, serão encaminhados à Polícia Judiciária, devendo ser acompanhados dos elementos probatórios.

DO AUTO DE INFRAÇÃO

Art. 8º Além das exigências estabelecidas em regulamentação específica, o auto de infração lavrado em decorrência da infração prevista no art. 165 do CTB deverá conter:

I – no caso de encaminhamento do condutor para exame de sangue, exame clínico ou exame em laboratório especializado, a referência a esse procedimento;

II – no caso do art. 5º, os sinais de alteração da capacidade psicomotora de que trata o Anexo II ou a referência ao preenchimento do termo específico de que trata o § 2º do art. 5º;

III – no caso de teste de etilômetro, a marca, modelo e nº de série do aparelho, nº do teste, a medição realizada, o valor considerado e o limite regulamentado em mg/L;

IV – conforme o caso, a identificação da(s) testemunha(s), se houve fotos, vídeos ou outro meio de prova complementar, se houve recusa do condutor, entre outras informações disponíveis.

§ 1º Os documentos gerados e o resultado dos exames de que trata o inciso I deverão ser anexados ao auto de infração.

§ 2º No caso do teste de etilômetro, para preenchimento do campo "Valor Considerado" do auto de infração, deve-se observar as margens de erro admissíveis, nos termos da "Tabela de Valores Referenciais para Etilômetro" constante no Anexo I.

DAS MEDIDAS ADMINISTRATIVAS

Art. 9º O veículo será retido até a apresentação de condutor habilitado, que também será submetido à fiscalização.

Parágrafo único. Caso não se apresente condutor habilitado ou o agente verifique que ele não está em condições de dirigir, o veículo será recolhido ao depósito do órgão ou entidade responsável pela fiscalização, mediante recibo.

Art. 10. O documento de habilitação será recolhido pelo agente, mediante recibo, e ficará sob custódia do órgão ou entidade de trânsito responsável pela autuação até que o condutor comprove que não está com a capacidade psicomotora alterada, nos termos desta Resolução.

§ 1º Caso o condutor não compareça ao órgão ou entidade de trânsito responsável pela autuação no prazo de 5 (cinco) dias da data do cometimento da infração, o documento será encaminhado ao órgão executivo de trânsito responsável pelo seu registro, onde o condutor deverá buscar seu documento.

§ 2º A informação de que trata o § 1º deverá constar no recibo de recolhimento do documento de habilitação.

DISPOSIÇÕES GERAIS

Art. 11. É obrigatória a realização do exame de alcoolemia para as vítimas fatais de acidentes de trânsito.

Art. 12. Ficam convalidados os atos praticados na vigência da Deliberação CONTRAN nº 133, de 21 de dezembro de 2012, com o reconhecimento da margem de tolerância de que trata o art. 1º da Deliberação CONTRAN referida no *caput* (0,10 mg/L) como limite regulamentar.

Art. 13. Ficam revogadas as Resoluções CONTRAN nº 109, de 21 de Novembro de 1999, e nº 206, de 20 de outubro de 2006, e a Deliberação CONTRAN nº 133, de 21 de dezembro de 2012.

Art. 14. Esta Resolução entra em vigor na data de sua publicação.

Morvam Cotrim Duarte
Presidente em Exercício
Jerry Adriane Dias Rodrigues
Ministério da Justiça
Guiovaldo Nunes Laport Filho
Ministério da Defesa
Rone Evaldo Barbosa
Ministério dos Transportes
Luiz Otávio Maciel Miranda
Ministério da Saúde
José Antônio Silvério
Ministério da Ciência, Tecnologia e Inovação
Paulo Cesar de Macedo
Ministério do Meio Ambiente
João Alencar Oliveira Júnior
Ministério das Cidades

ANEXO I
TABELA DE VALORES REFERENCIAIS
PARA ETILÔMETRO

MR mg/L	VC* mg/L		MR mg/L	VC* mg/L		MR mg/L	VC mg/L		MR mg/L	VC mg/L	
0,05	0,01		0,54	0,49		1,03	0,94		1,52	1,39	
0,06	0,02		0,55	0,50		1,04	0,95		1,53	1,40	
0,07	0,03		0,56	0,51		1,05	0,96		1,54	1,41	
0,08	0,04		0,57	0,52		1,06	0,97		1,55	1,42	
0,09	0,05		0,58	0,53		1,07	0,98		1,56	1,43	
0,10	0,06		0,59	0,54		1,08	0,99		1,57	1,44	
0,11	0,07		0,60	0,55		1,09	1,00		1,58	1,45	
0,12	0,08		0,61	0,56		1,10	1,01		1,59	1,46	
0,13	0,09		0,62	0,57		1,11	1,02		1,60	1,47	
0,14	0,10	INFRAÇÃO DO ART. 165 CTB	0,63	0,58	INFRAÇÃO DO ART. 165 CTB + CRIME DO ART. 306 CTB	1,12	1,03	INFRAÇÃO DO ART. 165 CTB + CRIME DO ART. 306 CTB	1,61	1,48	INFRAÇÃO DO ART. 165 CTB + CRIME DO ART. 306 CTB
0,15	0,11		0,64	0,58		1,13	1,04		1,62	1,49	
0,16	0,12		0,65	0,59		1,14	1,04		1,63	1,50	
0,17	0,13		0,66	0,60		1,15	1,05		1,64	1,50	
0,18	0,14		0,67	0,61		1,16	1,06		1,65	1,51	
0,19	0,15		0,68	0,62		1,17	1,07		1,66	1,52	
0,20	0,16		0,69	0,63		1,18	1,08		1,67	1,53	
0,21	0,17		0,70	0,64		1,19	1,09		1,68	1,54	
0,22	0,18		0,71	0,65		1,20	1,10		1,69	1,55	
0,23	0,19		0,72	0,66		1,21	1,11		1,70	1,56	
0,24	0,20		0,73	0,67		1,22	1,12		1,71	1,57	
0,25	0,21		0,74	0,68		1,23	1,13		1,72	1,58	
0,26	0,22		0,75	0,69		1,24	1,14		1,73	1,59	
0,27	0,23		0,76	0,69		1,25	1,15		1,74	1,60	
0,28	0,24		0,77	0,70		1,26	1,15		1,75	1,61	
0,29	0,25		0,78	0,71		1,27	1,16		1,76	1,61	
0,30	0,26		0,79	0,72		1,28	1,17		1,77	1,62	
0,31	0,27		0,80	0,73		1,29	1,18		1,78	1,63	
0,32	0,28		0,81	0,74		1,30	1,19		1,79	1,64	
0,33	0,29		0,82	0,75		1,31	1,20		1,80	1,65	
0,34	0,30		0,83	0,76		1,32	1,21		1,81	1,66	
0,35	0,31	INFRAÇÃO DO ART. 165 CTB + CRIME DO ART. 306 CTB	0,84	0,77		1,33	1,22		1,82	1,67	
0,36	0,32		0,85	0,78		1,34	1,23		1,83	1,68	
0,37	0,33		0,86	0,79		1,35	1,24		1,84	1,69	
0,38	0,34		0,87	0,80		1,36	1,25		1,85	1,70	
0,39	0,35		0,88	0,81		1,37	1,26		1,86	1,71	
0,40	0,36		0,89	0,81		1,38	1,27		1,87	1,72	
0,41	0,37		0,90	0,82		1,39	1,27		1,88	1,73	
0,42	0,38		0,91	0,83		1,40	1,28		1,89	1,73	
0,43	0,39		0,92	0,84		1,41	1,29		1,90	1,74	
0,44	0,40		0,93	0,85		1,42	1,30		1,91	1,75	
0,45	0,41		0,94	0,86		1,43	1,31		1,92	1,76	
0,46	0,42		0,95	0,87		1,44	1,32		1,93	1,77	
0,47	0,43		0,96	0,88		1,45	1,33		1,94	1,78	
0,48	0,44		0,97	0,89		1,46	1,34		1,95	1,79	
0,49	0,45		0,98	0,90		1,47	1,35		1,96	1,80	
0,50	0,46		0,99	0,91		1,48	1,36		1,97	1,81	
0,51	0,46		1,00	0,92		1,49	1,37		1,98	1,82	
0,52	0,47		1,01	0,92		1,50	1,38		1,99	1,83	
0,53	0,48		1,02	0,93		1,51	1,38		2,00	1,84	

MR = Medição realizada pelo etilômetro   VC = Valor considerado para autuação   EM = Erro máximo admissível

* Para definição do VC, foi deduzido da MR o EM (VC = MR - EM). No resultado do VC foram consideradas apenas duas casas decimais, desprezando-se as demais, sem arredondamento, observados os itens 4.1.2 e 5.3.1 do Regulamento Técnico Metrológico (Portaria n.º 06/2002 do INMETRO), visto que o etilômetro apresenta MR com apenas duas casas decimais.

Erro máximo admissível (EM):

1. MR inferior a 0,40mg/L: .... 0,032 mg/L
2. MR acima de 0,40mg/L até 2,00mg/L: 8%
3. MR acima de 2,00mg/L: 30%

ANEXO II
SINAIS DE ALTERAÇÃO DA CAPACIDADE PSICOMOTORA

Informações mínimas que deverão constar no termo mencionado no artigo 6º desta Resolução, para constatação dos sinais de alteração da capacidade psicomotora pelo agente da Autoridade de Trânsito:

I. Identificação do órgão ou entidade de trânsito fiscalizador;

II. Dados do condutor:

    a. Nome;

    b. Número do Prontuário da CNH e/ou do documento de identificação;

    c. Endereço, sempre que possível.

III. Dados do veículo:

    a. Placa/UF;

    b. Marca;

IV. Dados da abordagem:

    a. Data;

    b. Hora;

    c. Local;

    d. Número do auto de infração.

V. Relato do condutor:

    a. Envolveu-se em acidente de trânsito;

    b. Declara ter ingerido bebida alcoólica, sim ou não (Em caso positivo, quando);

    c. Declara ter feito uso de substância psicoativa que determine dependência, sim ou não (Em caso positivo, quando);

VI. Sinais observados pelo agente fiscalizador:

    a. Quanto à aparência, se o condutor apresenta:

    i. Sonolência;

    ii. Olhos vermelhos;

    iii. Vômito;

    iv. Soluços;

    v. Desordem nas vestes;

vi. Odor de álcool no hálito.

b. Quanto à atitude, se o condutor apresenta:

i. Agressividade;

ii. Arrogância;

iii. Exaltação;

iv. Ironia;

v. Falante;

vi. Dispersão.

c. Quanto à orientação, se o condutor:

i. sabe onde está;

ii. sabe a data e a hora.

d. Quanto à memória, se o condutor:

i. sabe seu endereço;

ii. lembra dos atos cometidos;

e. Quanto à capacidade motora e verbal, se o condutor apresenta:

i. Dificuldade no equilíbrio;

ii. Fala alterada;

VII. Afirmação expressa, pelo agente fiscalizador:

a. De acordo com as características acima descritas, constatei que o condutor acima qualificado, está ( ) sob influência de álcool ( ) sob influência de substância psicoativa.

b. O condutor ( ) se recusou ( ) não se recusou a realizar os testes, exames ou perícia que

permitiriam certificar o seu estado quanto à alteração da capacidade psicomotora.

VIII. Quando houver testemunha (s), a identificação:

a. nome;

b. documento de identificação;

c. endereço;

d. assinatura.

IX. Dados do Policial ou do Agente da Autoridade de Trânsito:

a. Nome;

b. Matrícula;

c. Assinatura.

ANEXO V

A) LEI 12.971, DE 09 DE MAIO DE 2014

Presidência da República
Casa Civil
Subchefia para Assuntos Jurídicos

LEI Nº 12.971, DE 9 MAIO DE 2014

Vigência

Altera os arts. 173, 174, 175, 191, 202, 203, 292, 302, 303, 306 e 308 da Lei nº 9.503, de 23 de setembro de 1997, que institui o Código de Trânsito Brasileiro, para dispor sobre sanções administrativas e crimes de trânsito.

A PRESIDENTA DA REPÚBLICA Faço saber que o Congresso Nacional decreta e eu sanciono a seguinte Lei:

Art. 1º A Lei nº 9.503, de 23 de setembro de 1997 – Código de Trânsito Brasileiro, passa a vigorar com as seguintes alterações:

"Art. 173. Disputar corrida:

....

Penalidade – multa (dez vezes), suspensão do direito de dirigir e apreensão do veículo;

....

Parágrafo único. Aplica-se em dobro a multa prevista no *caput* em caso de reincidência no período de 12 (doze) meses da infração anterior". (NR)

"Art. 174. Promover, na via, competição, eventos organizados, exibição e demonstração de perícia em manobra de veículo, ou deles participar, como condutor, sem permissão da autoridade de trânsito com circunscrição sobre a via:

....

Penalidade - multa (dez vezes), suspensão do direito de dirigir e apreensão do veículo;

....

§ 1º As penalidades são aplicáveis aos promotores e aos condutores participantes.

§ 2º Aplica-se em dobro a multa prevista no *caput* em caso de reincidência no período de 12 (doze) meses da infração anterior". (NR)

"Art. 175. Utilizar-se de veículo para demonstrar ou exibir manobra perigosa, mediante arrancada brusca, derrapagem ou frenagem com deslizamento ou arrastamento de pneus:

....

Penalidade - multa (dez vezes), suspensão do direito de dirigir e apreensão do veículo;

....

Parágrafo único. Aplica-se em dobro a multa prevista no *caput* em caso de reincidência no período de 12 (doze) meses da infração anterior". (NR)

"Art. 191. ...."

....

Penalidade – multa (dez vezes) e suspensão do direito de dirigir.

Parágrafo único. Aplica-se em dobro a multa prevista no *caput* em caso de reincidência no período de até 12 (doze) meses da infração anterior". (NR)

"Art. 202. ...."

....

Infração – gravíssima;

Penalidade – multa (cinco vezes)". (NR)

"Art. 203. ...."

....

Infração - gravíssima;

Penalidade – multa (cinco vezes).

Parágrafo único. Aplica-se em dobro a multa prevista no *caput* em caso de reincidência no período de até 12 (doze) meses da infração anterior". (NR)

"Art. 292. A suspensão ou a proibição de se obter a permissão ou a habilitação para dirigir veículo automotor pode ser imposta isolada ou cumulativamente com outras penalidades". (NR)

"Art. 302. ...."

§ 1º No homicídio culposo cometido na direção de veículo automotor, a pena é aumentada de 1/3 (um terço) à metade, se o agente:

I – não possuir Permissão para Dirigir ou Carteira de Habilitação;

II – praticá-lo em faixa de pedestres ou na calçada;

III – deixar de prestar socorro, quando possível fazê-lo sem risco pessoal, à vítima do acidente;

IV – no exercício de sua profissão ou atividade, estiver conduzindo veículo de transporte de passageiros.

....

§ 2º Se o agente conduz veículo automotor com capacidade psicomotora alterada em razão da influência de álcool ou de outra substância psicoativa que determine dependência ou participa, em via, de corrida, disputa ou competição automobilística ou ainda de exibição ou demonstração de perícia em manobra de veículo automotor, não autorizada pela autoridade competente:

Penas – reclusão, de 2 (dois) a 4 (quatro) anos, e suspensão ou proibição de se obter a permissão ou a habilitação para dirigir veículo automotor". (NR)

"Art. 303. ....

Parágrafo único. Aumenta-se a pena de 1/3 (um terço) à metade, se ocorrer qualquer das hipóteses do § 1º do art. 302". (NR)

"Art. 306. ....

....

§ 2º A verificação do disposto neste artigo poderá ser obtida mediante teste de alcoolemia ou toxicológico, exame clínico, perícia, vídeo, prova testemunhal ou outros meios de prova em direito admitidos, observado o direito à contraprova.

§ 3º O Contran disporá sobre a equivalência entre os distintos testes de alcoolemia ou toxicológicos para efeito de caracterização do crime tipificado neste artigo." (NR)

"Art. 308. Participar, na direção de veículo automotor, em via pública, de corrida, disputa ou competição automobilística não autorizada pela autoridade competente, gerando situação de risco à incolumidade pública ou privada:

Penas – detenção, de 6 (seis) meses a 3 (três) anos, multa e suspensão ou proibição de se obter a permissão ou a habilitação para dirigir veículo automotor.

§ 1º Se da prática do crime previsto no *caput* resultar lesão corporal de natureza grave, e as circunstâncias demonstrarem que o agente não quis o resultado nem assumiu o risco de produzi-lo, a pena privativa de liberdade é de reclusão, de 3 (três) a 6 (seis) anos, sem prejuízo das outras penas previstas neste artigo.

§ 2º Se da prática do crime previsto no *caput* resultar morte, e as circunstâncias demonstrarem que o agente não quis o resultado nem assumiu o risco de produzi-lo, a pena privativa de liberdade é de reclusão de 5 (cinco) a 10 (dez) anos, sem prejuízo das outras penas previstas neste artigo". (NR)

Art. 2º Esta Lei entra em vigor no 1º (primeiro) dia do 6º (sexto) mês após a sua publicação.

Brasília, 9 de maio de 2014; 193º da Independência e 126º da República.

DILMA ROUSSEFF
José Eduardo Cardozo
Gilberto Magalhães Occhi

Este texto não substitui o publicado no DOU de 12.5.2014

B) LEI 13.281, DE 4 DE MAIO DE 2016

Presidência da República
Casa Civil
Subchefia para Assuntos Jurídicos

LEI Nº 13.281, DE 4 DE MAIO DE 2016

Mensagem de veto

Conversão da Medida Provisória nº 699 de 2015

Altera a Lei nº 9.503, de 23 de setembro de 1997 (Código de Trânsito Brasileiro), e a Lei nº 13.146, de 6 de julho de 2015.

Vigência

A PRESIDENTA DA REPÚBLICA Faço saber que o Congresso Nacional decreta e eu sanciono a seguinte Lei:

Art. 1º A Lei nº 9.503, de 23 de setembro de 1997 (Código de Trânsito Brasileiro), passa a vigorar com as seguintes alterações: (Vigência)

"Art. 12. ....

....

VIII - estabelecer e normatizar os procedimentos para a aplicação das multas por infrações, a arrecadação e o repasse dos valores arrecadados;

....

XV - normatizar o processo de formação do candidato à obtenção da Carteira Nacional de Habilitação, estabelecendo seu conteúdo didático-pedagógico, carga horária, avaliações, exames, execução e fiscalização". (NR)

"Art. 19. ....

....

XIII - coordenar a administração do registro das infrações de trânsito, da pontuação e das penalidades aplicadas no prontuário do infrator, da arrecadação de multas e do repasse de que trata o § 1º do art. 320;

....

XXX - organizar e manter o Registro Nacional de Infrações de Trânsito (Renainf).

....

§ 4º (VETADO)". (NR)

"Art. 24. ....

....

VI - executar a fiscalização de trânsito em vias terrestres, edificações de uso público e edificações privadas de uso coletivo, autuar e aplicar as medidas administrativas cabíveis e as penalidades de advertência por escrito e multa, por infrações de circulação, estacionamento e parada previstas neste Código, no exercício regular do poder de polícia de trânsito, notificando os infratores e arrecadando as multas que aplicar, exercendo iguais atribuições no âmbito de edificações privadas de uso coletivo, somente para infrações de uso de vagas reservadas em estacionamentos;

...." (NR)

"Art. 29. ....

....

XIII - (VETADO).

...." (NR)

"Art. 61...

§ 1º ....

....

II - ....

a) nas rodovias de pista dupla:

1. 110 km/h (cento e dez quilômetros por hora) para automóveis, camionetas e motocicletas;

2. 90 km/h (noventa quilômetros por hora) para os demais veículos;

3. (revogado);

b) nas rodovias de pista simples:

1. 100 km/h (cem quilômetros por hora) para automóveis, camionetas e motocicletas;

2. 90 km/h (noventa quilômetros por hora) para os demais veículos;

c) nas estradas: 60 km/h (sessenta quilômetros por hora).

...." (NR)

"Art. 77-E..

....

III - multa de R$ 1.627,00 (mil, seiscentos e vinte e sete reais) a R$ 8.135,00 (oito mil, cento e trinta e cinco reais), cobrada do dobro até o quíntuplo em caso de reincidência.

...." (NR)

"Art. 80. ....

....

§ 3º A responsabilidade pela instalação da sinalização nas vias internas pertencentes aos condomínios constituídos por unidades autônomas e nas vias e áreas de estacionamento de estabelecimentos privados de uso coletivo é de seu proprietário". (NR)

"Art. 95. ....

....

§ 3º O descumprimento do disposto neste artigo será punido com multa de R$ 81,35 (oitenta e um reais e trinta e cinco centavos) a R$ 488,10 (quatrocentos e oitenta e oito reais e dez centavos), independentemente das cominações cíveis e penais cabíveis, além de multa diária no mesmo valor até a regularização da situação, a partir do prazo final concedido pela autoridade de trânsito, levando-se em consideração a dimensão da obra ou do evento e o prejuízo causado ao trânsito.

...." (NR)

"Art. 100. ....

§ 1º Os veículos de transporte coletivo de passageiros poderão ser dotados de pneus extralargos.

§ 2º O Contran regulamentará o uso de pneus extralargos para os demais veículos.

§ 3º É permitida a fabricação de veículos de transporte de passageiros de até 15 m (quinze metros) de comprimento na configuração de chassi 8x2". (NR)

"Art. 104. ....

....

§ 6º Estarão isentos da inspeção de que trata o *caput*, durante 3 (três) anos a partir do primeiro licenciamento, os veículos novos classificados na categoria particular, com capacidade para até 7 (sete) passageiros, desde que mantenham suas características originais de fábrica e não se envolvam em acidente de trânsito com danos de média ou grande monta.

§ 7º Para os demais veículos novos, o período de que trata o § 6º será de 2 (dois) anos, desde que mantenham suas características originais de fábrica e não se envolvam em acidente de trânsito com danos de média ou grande monta". (NR)

"Art. 115. ....

....

§ 9º As placas que possuírem tecnologia que permita a identificação do veículo ao qual estão atreladas são dispensadas da utilização do lacre previsto no *caput*, na forma a ser regulamentada pelo Contran". (NR)

"Art. 119. ....

§ 1º Os veículos licenciados no exterior não poderão sair do território nacional sem o prévio pagamento ou o depósito, judicial ou administrativo, dos valores correspondentes às infrações de trânsito cometidas e ao ressarcimento de danos que tiverem causado ao patrimônio público ou de particulares, independentemente da fase do processo administrativo ou judicial envolvendo a questão.

§ 2º Os veículos que saírem do território nacional sem o cumprimento do disposto no § 1º e que posteriormente forem flagrados tentando ingressar ou já em circulação no território nacional serão retidos até a regularização da situação". (NR)

"Art. 133. ....

Parágrafo único. O porte será dispensado quando, no momento da fiscalização, for possível ter acesso ao devido sistema informatizado para verificar se o veículo está licenciado". (NR)

"Art. 152. O exame de direção veicular será realizado perante comissão integrada por 3 (três) membros designados pelo dirigente do órgão executivo local de trânsito.

....

§ 2º Os militares das Forças Armadas e os policiais e bombeiros dos órgãos de segurança pública da União, dos Estados e do Distrito Federal que possuírem curso de formação de condutor ministrado em suas corporações serão dispensados, para a concessão do documento de habilitação, dos exames aos quais se houverem submetido com aprovação naquele curso, desde que neles sejam observadas as normas estabelecidas pelo Contran.

§ 3º O militar, o policial ou o bombeiro militar interessado na dispensa de que trata o § 2º instruirá seu requerimento com ofício do comandante, chefe ou diretor da unidade administrativa onde prestar serviço, do qual constarão o número do registro de identificação, naturalidade, nome, filiação, idade e categoria em que se habilitou a conduzir, acompanhado de cópia das atas dos exames prestados.

...." (NR)

"Art. 162..

I - sem possuir Carteira Nacional de Habilitação, Permissão para Dirigir ou Autorização para Conduzir Ciclomotor:

Infração – gravíssima;

Penalidade – multa (três vezes);

Medida administrativa – retenção do veículo até a apresentação de condutor habilitado;

II - com Carteira Nacional de Habilitação, Permissão para Dirigir ou Autorização para Conduzir Ciclomotor cassada ou com suspensão do direito de dirigir:

Infração – gravíssima;

Penalidade – multa (três vezes);

Medida administrativa – recolhimento do documento de habilitação e retenção do veículo até a apresentação de condutor habilitado;

III – com Carteira Nacional de Habilitação ou Permissão para Dirigir de categoria diferente da do veículo que esteja conduzindo:

Infração – gravíssima;

Penalidade – multa (duas vezes);

Medida administrativa – retenção do veículo até a apresentação de condutor habilitado;

...." (NR)

"Art. 181..

....

XX – nas vagas reservadas às pessoas com deficiência ou idosos, sem credencial que comprove tal condição:

Infração – gravíssima;

Penalidade – multa;

Medida administrativa – remoção do veículo.

...." (NR)

"Art. 231...

....

V – ....

....

a) até 600 kg (seiscentos quilogramas) – R$ 5,32 (cinco reais e trinta e dois centavos);

b) de 601 (seiscentos e um) a 800 kg (oitocentos quilogramas) – R$ 10,64 (dez reais e sessenta e quatro centavos);

c) de 801 (oitocentos e um) a 1.000 kg (mil quilogramas) – R$ 21,28 (vinte e um reais e vinte e oito centavos);

d) de 1.001 (mil e um) a 3.000 kg (três mil quilogramas) – R$ 31,92 (trinta e um reais e noventa e dois centavos);

e) de 3.001 (três mil e um) a 5.000 kg (cinco mil quilogramas) – R$ 42,56 (quarenta e dois reais e cinquenta e seis centavos);

f) acima de 5.001 kg (cinco mil e um quilogramas) – R$ 53,20 (cinquenta e três reais e vinte centavos);

...." (NR)

"Art. 252...

....

Parágrafo único. A hipótese prevista no inciso V caracterizar-se-á como infração gravíssima no caso de o condutor estar segurando ou manuseando telefone celular". (NR)

"Art. 258...

I – infração de natureza gravíssima, punida com multa no valor de R$ 293,47 (duzentos e noventa e três reais e quarenta e sete centavos);

II – infração de natureza grave, punida com multa no valor de R$ 195,23 (cento e noventa e cinco reais e vinte e três centavos);

III – infração de natureza média, punida com multa no valor de R$ 130,16 (cento e trinta reais e dezesseis centavos);

IV – infração de natureza leve, punida com multa no valor de R$ 88,38 (oitenta e oito reais e trinta e oito centavos).

§ 1º (Revogado).

...." (NR)

"Art. 261. A penalidade de suspensão do direito de dirigir será imposta nos seguintes casos:

I - sempre que o infrator atingir a contagem de 20 (vinte) pontos, no período de 12 (doze) meses, conforme a pontuação prevista no art. 259;

II – por transgressão às normas estabelecidas neste Código, cujas infrações preveem, de forma específica, a penalidade de suspensão do direito de dirigir.

§ 1º Os prazos para aplicação da penalidade de suspensão do direito de dirigir são os seguintes:

I – no caso do inciso I do *caput*: de 6 (seis) meses a 1 (um) ano e, no caso de reincidência no período de 12 (doze) meses, de 8 (oito) meses a 2 (dois) anos;

II – no caso do inciso II do *caput*: de 2 (dois) a 8 (oito) meses, exceto para as infrações com prazo descrito no dispositivo infracional, e, no caso de reincidência no período de 12 (doze) meses, de 8 (oito) a 18 (dezoito) meses, respeitado o disposto no inciso II do art. 263.

....

§ 5º O condutor que exerce atividade remunerada em veículo, habilitado na categoria C, D ou E, poderá optar por participar de curso preventivo de reciclagem sempre que, no período de 1 (um) ano, atingir 14 (quatorze) pontos, conforme regulamentação do Contran.

....

§ 7º O motorista que optar pelo curso previsto no § 5º não poderá fazer nova opção no período de 12 (doze) meses.

....

§ 9º Incorrerá na infração prevista no inciso II do art. 162 o condutor que, notificado da penalidade de que trata este artigo, dirigir veículo automotor em via pública.

§ 10. O processo de suspensão do direito de dirigir referente ao inciso II do *caput* deste artigo deverá ser instaurado concomitantemente com o processo de aplicação da penalidade de multa.

§ 11. O Contran regulamentará as disposições deste artigo". (NR)

"Art. 270..

....

§ 4º Não se apresentando condutor habilitado no local da infração, o veículo será removido a depósito, aplicando-se neste caso o disposto no art. 271.

...." (NR)

"Art. 277..

....

§ 3º Serão aplicadas as penalidades e medidas administrativas estabelecidas no art. 165-A deste Código ao condutor que se recusar a se submeter a qualquer dos procedimentos previstos no *caput* deste artigo". (NR)

"Art. 284..

§ 1º Caso o infrator opte pelo sistema de notificação eletrônica, se disponível, conforme regulamentação do Contran, e opte por não apresentar defesa prévia nem recurso, reconhecendo o cometimento da infração, poderá efetuar o pagamento da multa por 60% (sessenta por cento) do seu valor, em qualquer fase do processo, até o vencimento da multa.

§ 2º O recolhimento do valor da multa não implica renúncia ao questionamento administrativo, que pode ser realizado a qualquer momento, respeitado o disposto no § 1º.

§ 3º Não incidirá cobrança moratória e não poderá ser aplicada qualquer restrição, inclusive para fins de licenciamento e transferência, enquanto não for encerrada a instância administrativa de julgamento de infrações e penalidades.

§ 4º Encerrada a instância administrativa de julgamento de infrações e penalidades, a multa não paga até o vencimento será acrescida de juros de mora equivalentes à taxa referencial do Sistema Especial de Liquidação e de Custódia (Selic) para títulos federais acumulada mensalmente, calculados a partir do mês subsequente ao da consolidação até o mês anterior ao do pagamento, e de 1% (um por cento) relativamente ao mês em que o pagamento estiver sendo efetuado". (NR)

"Art. 290. Implicam encerramento da instância administrativa de julgamento de infrações e penalidades:

I – o julgamento do recurso de que tratam os arts. 288 e 289;

II – a não interposição do recurso no prazo legal; e

III – o pagamento da multa, com reconhecimento da infração e requerimento de encerramento do processo na fase em que se encontra, sem apresentação de defesa ou recurso.

...." (NR)

"Art. 320..

§ 1º ....

§ 2º O órgão responsável deverá publicar, anualmente, na rede mundial de computadores (internet), dados sobre a receita arrecadada com a cobrança de multas de trânsito e sua destinação". (NR)

"Art. 325. As repartições de trânsito conservarão por, no mínimo, 5 (cinco) anos os documentos relativos à habilitação de condutores, ao registro e ao licenciamento de veículos e aos autos de infração de trânsito.

§ 1º Os documentos previstos no *caput* poderão ser gerados e tramitados eletronicamente, bem como arquivados e armazenados em meio digital, desde que assegurada a autenticidade, a fidedignidade, a confiabilidade e a segurança das informações, e serão válidos para todos os efeitos legais, sendo dispensada, nesse caso, a sua guarda física.

§ 2º O Contran regulamentará a geração, a tramitação, o arquivamento, o armazenamento e a eliminação de documentos eletrônicos e físicos gerados em decorrência da aplicação das disposições deste Código.

§ 3º Na hipótese prevista nos §§ 1º e 2º, o sistema deverá ser certificado digitalmente, atendidos os requisitos de autenticidade, integridade, validade jurídica e interoperabilidade da Infraestrutura de Chaves Públicas Brasileira (ICP-Brasil)". (NR)

"Art. 328..

....

§ 14. Se identificada a existência de restrição policial ou judicial sobre o prontuário do veículo, a autoridade responsável pela restrição será notificada para a retirada do bem do depósito, mediante a quitação das despesas com remoção e estada, ou para a autorização do leilão nos termos deste artigo.

§ 15. Se no prazo de 60 (sessenta) dias, a contar da notificação de que trata o § 14, não houver manifestação da autoridade responsável pela restrição judicial ou policial, estará o órgão de trânsito autorizado a promover o leilão do veículo nos termos deste artigo.

§ 16. Os veículos, sucatas e materiais inservíveis de bens automotores que se encontrarem nos depósitos há mais de 1 (um) ano poderão ser destinados à reciclagem, independentemente da existência de restrições sobre o veículo.

§ 17. O procedimento de hasta pública na hipótese do § 16 será realizado por lote de tonelagem de material ferroso, observando-se, no que couber, o disposto neste artigo, condicionando-se a entrega do material arrematado aos procedimentos necessários à descaracterização total do bem e à destinação exclusiva, ambientalmente adequada, à reciclagem siderúrgica, vedado qualquer aproveitamento de peças e partes.

§ 18. Os veículos sinistrados irrecuperáveis queimados, adulterados ou estrangeiros, bem como aqueles sem possibilidade de regularização perante o órgão de trânsito, serão destinados à reciclagem, independentemente do período em que estejam em depósito, respeitado o prazo previsto no *caput* deste artigo, sempre que a autoridade responsável pelo leilão julgar ser essa a medida apropriada". (NR)

Art. 2º A Lei nº 9.503, de 23 de setembro de 1997, passa a vigorar acrescida dos seguintes arts. 165-A, 282-A, 312-A e 319-A: (Vigência)

"Art. 165-A. Recusar-se a ser submetido a teste, exame clínico, perícia ou outro procedimento que permita certificar influência de álcool ou outra substância psicoativa, na forma estabelecida pelo art. 277:

Infração – gravíssima;

Penalidade – multa (dez vezes) e suspensão do direito de dirigir por 12 (doze) meses;

Medida administrativa – recolhimento do documento de habilitação e retenção do veículo, observado o disposto no § 4º do art. 270.

Parágrafo único. Aplica-se em dobro a multa prevista no *caput* em caso de reincidência no período de até 12 (doze) meses".

"Art. 282-A. O proprietário do veículo ou o condutor autuado poderá optar por ser notificado por meio eletrônico se o órgão do Sistema Nacional de Trânsito responsável pela autuação oferecer essa opção.

§ 1º O proprietário ou o condutor autuado que optar pela notificação por meio eletrônico deverá manter seu cadastro atualizado no órgão executivo de trânsito do Estado ou do Distrito Federal.

§ 2º Na hipótese de notificação por meio eletrônico, o proprietário ou o condutor autuado será considerado notificado 30 (trinta) dias após a inclusão da informação no sistema eletrônico.

§ 3º O sistema previsto no *caput* será certificado digitalmente, atendidos os requisitos de autenticidade, integridade, validade jurídica e interoperabilidade da Infraestrutura de Chaves Públicas Brasileira (ICP-Brasil)".

"Art. 312-A. Para os crimes relacionados nos arts. 302 a 312 deste Código, nas situações em que o juiz aplicar a substituição de pena privativa de liberdade por pena restritiva de direitos, esta deverá ser de prestação de serviço à comunidade ou a entidades públicas, em uma das seguintes atividades:

I – trabalho, aos fins de semana, em equipes de resgate dos corpos de bombeiros e em outras unidades móveis especializadas no atendimento a vítimas de trânsito;

II – trabalho em unidades de pronto-socorro de hospitais da rede pública que recebem vítimas de acidente de trânsito e politraumatizados;

III – trabalho em clínicas ou instituições especializadas na recuperação de acidentados de trânsito;

IV – outras atividades relacionadas ao resgate, atendimento e recuperação de vítimas de acidentes de trânsito".

"Art. 319-A. Os valores de multas constantes deste Código poderão ser corrigidos monetariamente pelo Contran, respeitado o limite da variação do Índice Nacional de Preços ao Consumidor Amplo (IPCA) no exercício anterior.

Parágrafo único. Os novos valores decorrentes do disposto no *caput* serão divulgados pelo Contran com, no mínimo, 90 (noventa) dias de antecedência de sua aplicação".

Art. 3º A Lei nº 9.503, de 23 de setembro de 1997, passa a vigorar com as seguintes alterações:

"Art. 253-A. Usar qualquer veículo para, deliberadamente, interromper, restringir ou perturbar a circulação na via sem autorização do órgão ou entidade de trânsito com circunscrição sobre ela:

Infração – gravíssima;

Penalidade – multa (vinte vezes) e suspensão do direito de dirigir por 12 (doze) meses;

Medida administrativa – remoção do veículo.

§ 1º Aplica-se a multa agravada em 60 (sessenta) vezes aos organizadores da conduta prevista no *caput*.

§ 2º Aplica-se em dobro a multa em caso de reincidência no período de 12 (doze) meses.

§ 3º As penalidades são aplicáveis a pessoas físicas ou jurídicas que incorram na infração, devendo a autoridade com circunscrição sobre a via restabelecer de imediato, se possível, as condições de normalidade para a circulação na via".

"Art. 254. ....

....

VII - (VETADO).

§ 1º (VETADO).

§ 2º (VETADO).

§ 3º (VETADO)". (NR)

"Art. 271...

....

§ 3º Se o reparo referido no § 2º demandar providência que não possa ser tomada no depósito, a autoridade responsável pela remoção liberará o veículo para reparo, na forma transportada, mediante autorização, assinalando prazo para reapresentação.

§ 4º Os serviços de remoção, depósito e guarda de veículo poderão ser realizados por órgão público, diretamente, ou por particular contratado por licitação pública, sendo o proprietário do veículo o responsável pelo pagamento dos custos desses serviços.

....

§ 6º Caso o proprietário ou o condutor não esteja presente no momento da remoção do veículo, a autoridade de trânsito, no prazo de 10 (dez) dias contado da data da remoção, deverá expedir ao proprietário a notificação prevista no § 5º, por remessa postal ou por outro meio tecnológico hábil que assegure a sua ciência, e, caso reste frustrada, a notificação poderá ser feita por edital.

....

§ 10. O pagamento das despesas de remoção e estada será correspondente ao período integral, contado em dias, em que efetivamente o veículo permanecer em depósito, limitado ao prazo de 6 (seis) meses.

§ 11. Os custos dos serviços de remoção e estada prestados por particulares poderão ser pagos pelo proprietário diretamente ao contratado.

§ 12. O disposto no § 11 não afasta a possibilidade de o respectivo ente da Federação estabelecer a cobrança por meio de taxa instituída em lei.

§ 13. No caso de o proprietário do veículo objeto do recolhimento comprovar, administrativa ou judicialmente, que o recolhimento foi indevido ou que houve abuso no período de retenção em depósito, é da responsabilidade do ente público a devolução das quantias pagas por força deste artigo, segundo os mesmos critérios da devolução de multas indevidas". (NR)

"Art. 320-A. Os órgãos e as entidades do Sistema Nacional de Trânsito poderão integrar-se para a ampliação e o aprimoramento da fiscalização de trânsito, inclusive por meio do compartilhamento da receita arrecadada com a cobrança das multas de trânsito".

Art. 4º É concedida anistia às multas e sanções previstas no art. 253-A da Lei nº 9.503, de 23 de setembro de 1997, aplicadas, até a data de entrada em vigor desta Lei, aos caminhoneiros participantes das manifestações iniciadas no dia 9 de novembro de 2015.

Art. 5º O § 3º do art. 47 da Lei nº 13.146, de 6 de julho de 2015, passa vigorar com a seguinte redação: (Vigência)

"Art. 47...

....

§ 3º A utilização indevida das vagas de que trata este artigo sujeita os infratores às sanções previstas no inciso XX do art. 181 da Lei nº 9.503, de 23 de setembro de 1997 (Código de Trânsito Brasileiro).

...." (NR)

Art. 6º Revogam-se o inciso IV do art. 256, o § 1º do art. 258, o art. 262 e o § 2º do art. 302, todos da Lei nº 9.503, de 23 de setembro de 1997. (Vigência)

Art. 7º Esta Lei entra em vigor:

I – na data de sua publicação, em relação aos arts. 3º e 4º; e

II – após decorridos 180 (cento e oitenta) dias de sua publicação oficial, em relação aos demais artigos.

Brasília, 4 de maio de 2016; 195º da Independência e 128º da República.

DILMA ROUSSEFF
Eugênio José Guilherme de Aragão
Inês da Silva Magalhães

Este texto não substitui o publicado no DOU de 5.5.2016

C) LEI 13.546, DE 19 DE DEZEMBRO DE 2017

Presidência da República
Casa Civil
Subchefia para Assuntos Jurídicos

LEI Nº 13.546, DE 19 DE DEZEMBRO DE 2017

Mensagem de veto
Vigência

Altera dispositivos da Lei nº 9.503, de 23 de setembro de 1997 (Código de Trânsito Brasileiro), para dispor sobre crimes cometidos na direção de veículos automotores.

O PRESIDENTE DA REPÚBLICA Faço saber que o Congresso Nacional decreta e eu sanciono a seguinte Lei:

Art. 1º Esta Lei altera a Lei nº 9.503, de 23 de setembro de 1997 (Código de Trânsito Brasileiro), para dispor sobre crimes cometidos na direção de veículos automotores.

Art. 2º O art. 291 da Lei nº 9.503, de 23 de setembro de 1997 (Código de Trânsito Brasileiro), passa a vigorar acrescido dos seguintes §§ 3º e 4º:

"Art. 291. ....

....

§ 3º (VETADO).

§ 4º O juiz fixará a pena-base segundo as diretrizes previstas no art. 59 do Decreto-Lei nº 2.848, de 7 de dezembro de 1940 (Código Penal), dando especial atenção à culpabilidade do agente e às circunstâncias e consequências do crime". (NR)

Art. 3º O art. 302 da Lei nº 9.503, de 23 de setembro de 1997 (Código de Trânsito Brasileiro), passa a vigorar acrescido do seguinte § 3º:

"Art. 302. ....

....

§ 3º Se o agente conduz veículo automotor sob a influência de álcool ou de qualquer outra substância psicoativa que determine dependência:

Penas – reclusão, de cinco a oito anos, e suspensão ou proibição do direito de se obter a permissão ou a habilitação para dirigir veículo automotor". (NR)

Art. 4º O art. 303 da Lei nº 9.503, de 23 de setembro de 1997 (Código de Trânsito Brasileiro), passa a vigorar acrescido do seguinte § 2º, numerando-se o atual parágrafo único como § 1º:

"Art. 303. ....

§ 1º ....

§ 2º A pena privativa de liberdade é de reclusão de dois a cinco anos, sem prejuízo das outras penas previstas neste artigo, se o agente conduz o veículo com capacidade psicomotora alterada em razão da influência de álcool ou de outra substância psicoativa que determine dependência, e se do crime resultar lesão corporal de natureza grave ou gravíssima". (NR)

Art. 5º O *caput* do art. 308 da Lei nº 9.503, de 23 de setembro de 1997 (Código de Trânsito Brasileiro), passa a vigorar com a seguinte redação:

"Art. 308. Participar, na direção de veículo automotor, em via pública, de corrida, disputa ou competição automobilística ou ainda de exibição ou demonstração de perícia em manobra de veículo automotor, não autorizada pela autoridade competente, gerando situação de risco à incolumidade pública ou privada:

...." (NR)

Art. 6º Esta Lei entra em vigor após decorridos cento e vinte dias de sua publicação oficial.

Brasília, 19 de dezembro de 2017; 196º da Independência e 129º da República.

MICHEL TEMER
Alexandre Baldy de Sant'Anna Braga

Este texto não substitui o publicado no DOU de 20.12.2017

ANEXO VI – TEXTOS COMPLEMENTARES ("POST SCRIPTUM")

A) A FALÁCIA DO DENOMINADO "CRIME DE PERIGO ABSTRATO DE PERIGOSIDADE REAL"

Autor: **Eduardo Luiz Santos Cabette, Delegado de Polícia, Mestre em Direito Social, pós-graduado com especialização em Direito Penal e Criminologia e Professor de Direito Penal, Processo Penal, Criminologia e Legislação Penal e Processual Penal Especial na graduação e na pós-graduação do Unisal**

Com o advento da chamada "Nova Lei Seca" (Lei 12.760/12) e as alterações promovidas no crime de embriaguez ao volante (artigo 306, da Lei 9.503/97), foi retomada a discussão quanto à natureza de crime de perigo abstrato ou crime de perigo concreto da referida infração penal.[1]

Isso levou, como seria de se esperar, ao incremento dos estudos sobre os crimes de perigo e suas espécies. E em meio a toda essa polêmica, eis que surge a construção de uma suposta modalidade denominada como *"crime de perigo abstrato de perigosidade real"*.

Com o surgimento da nova suposta modalidade de perigo, a melhor doutrina se vê obrigada a manifestar-se e dizer ao público do que se trataria tal construção. Neste diapasão, bem expõe Sanches Cunha que

> "De acordo com essa nova espécie de infração penal, teríamos não apenas dois tipos de crime de perigo (abstrato e concreto), mas sim três! No crime de perigo abstrato (ou puro), o risco advindo da conduta é absolutamente presumido por lei, bastando a violação da norma. Já no crime de perigo concreto, o risco deve ser comprovado. A acusação tem o dever de demonstrar que da conduta houve perigo real para vítima certa e determinada. No crime de perigo abstrato de perigosidade real, o risco ao bem jurídico tutelado deve ser comprovado,

---

[1] Neste trabalho não se entrará neste mérito, pois que já foi objeto de estudo em obra específica, concluindo-se pelo perigo abstrato (ou mesmo notório) no artigo 306, I e perigo concreto no artigo 306, II, do CTB. Cf. CABETTE, Eduardo Luiz Santos. *Nova Lei Seca*. Rio de Janeiro: Freitas Bastos, 2013, p. 68-69.

dispensando vítima certa e determinada. É indispensável a superação de um determinado risco-base ao bem jurídico protegido. Vamos trabalhar essa discussão com o auxílio de um exemplo: sabemos que o crime de embriaguez ao volante (art. 306 do CTB) é de perigo. Mas de qual espécie? Se de perigo abstrato (ou puro), basta a condução de veículo sob efeito de álcool, pois o risco advindo da conduta é absolutamente presumido por lei (haverá crime ainda que ausente a condução anormal do veículo). Se de perigo concreto, deve ser comprovado que a conduta gerou risco (condução anormal do veiculo), periclitando vítima certa e determinada. Se de perigo abstrato de perigosidade real, exige-se a prova de condução anormal (rebaixando o nível de segurança viário), mas dispensa a demonstração de perigo para vítima certa e determinada. Sem essa perigosidade real para a coletividade, que é concreta, caracteriza mera infração administrativa".[2]

Então passar-se-ia a contar com três modalidades de perigo em relação à exigência de concreção: perigo abstrato, onde não há nenhuma necessidade de demonstrar o perigo efetivo da conduta no caso analisado especificamente, sendo o perigo ao bem jurídico derivado de uma presunção legal; perigo concreto, onde há exigência de demonstração concreta, casuística do perigo criado ao bem jurídico com a conduta sob investigação; e, finalmente o agora famigerado *"perigo abstrato de perigosidade real"*, para o qual não haveria necessidade de comprovar o perigo para uma pessoa ou grupo determinado, mas apenas um perigo genérico. No entanto, seria necessário comprovar esse perigo em geral, comum nos chamados "crimes vagos", ou seja, que não têm sujeito passivo determinado.

Num primeiro olhar pode até aparentar que a nova construção dessa categoria de crime de perigo possa ter alguma utilidade e ser de alguma forma produtiva para a dogmática jurídico-penal. No entanto, isso não passa de aparência, pois que, na verdade, a criação da categoria dos malsinados *"crimes de perigo abstrato de perigosidade real"* não passa de *falácia, mera prestidigitação jurídica* que provoca confusão de conceitos, mistura categorias e somente pode conduzir ao erro.

Indo direto ao ponto, pode-se afirmar com toda segurança que o neologismo *"crime de perigo abstrato de perigosidade real"* não passa de uma alteração do nome daquilo que é conhecido desde antanho como *"crimes de perigo comum"* em oposição aos *"crimes de perigo individual"*. Acontece que as classifi-

---

2 CUNHA, Rogério Sanches. Você já ouviu falar de "crime de perigo abstrato de perigosidade real"? Disponível em http://atualidadesdodireito.com.br/rogeriosanches/2013/03/21/voce-ja-ouviu-falar-de-crime-de-perigo-abstrato-de-perigosida-de-real/, acesso em 22.03.2013.

cações de "crime de perigo concreto e crime de perigo abstrato" por um lado; e "crime de perigo comum e crime de perigo individual" por outro, nada têm a ver entre si, de modo que podem existir crimes de perigo comum abstrato ou concreto. Já quanto aos crimes de perigo individual, geralmente[3] estão ligados a perigo concreto não porque sejam uma mesma categoria jurídica, mas porque ao ser a conduta dirigida necessariamente a pessoa determinada, *normalmente* será exigida a criação de um perigo concreto. Enfim, essas denominações de perigo (comum / individual) (concreto / abstrato) não se confundem, já que cada uma delas se refere a um aspecto que em nada influencia naquele versado pela outra. São dicotomias independentes.

Uma breve pesquisa na doutrina em sua abordagem da questão é suficiente para constatar que as dicotomias sobreditas não devem se confundir. Magalhães Noronha, por exemplo, trata da classificação dos crimes de perigo concreto e abstrato para depois passar, separadamente (como deve ser) ao estudo dos crimes de perigo comum e individual. Vejamos:

> "Pode o perigo ser abstrato e concreto, conquanto ainda aqui as opiniões não sejam unânimes. O primeiro é o que a lei tem como resultante de certas ações, baseada na experiência ou lição dos fatos. Há presunção de perigo. O segundo necessita ser investigado e provado, caso por caso. Lá há presunção; aqui, demonstração".[4]

Somente parágrafos adiante e na página seguinte é que o autor vai abordar, separadamente, a dupla perigo comum, perigo individual:

> "Diz-se o perigo *comum* ou *individual*. O primeiro não é considerado em relação a determinado indivíduo ou a certo bem, mas a pessoas indeterminadas ou diversos bens, como acontece com os delitos do capítulo I do Título VIII. O segundo ameaça indivíduo certo ou determinado bem".[5]

Na mesma senda segue Hungria, tratando das categorias separadamente, sem permitir qualquer mistura ou confusão:

> "O perigo, no campo jurídico-penal pode ser *presumido* ou *concreto, coletivo (ou comum)* ou *individual* (...). Perigo pre-

---

3 Frise-se, porém, que nem sempre, pois há autores que atribuem a qualidade de perigo abstrato a crimes de perigo individual também, como, por exemplo, no caso do crime de omissão de socorro. BARROS, Flávio Augusto Monteiro de. *Direito Penal*. Volume 2. 2ª. ed. São Paulo: Saraiva, p. 125.
4 NORONHA, Edgard Magalhães. *Direito Penal*. Volume 2. 24ª. ed. São Paulo: Saraiva, 1990, p. 78.
5 Op. Cit., p. 79.

sumido (ou que deve ser reconhecido *in abstracto*) é o que a lei presume, *juris et de jure*, inserto em determinada ação ou omissão. Perigo concreto, ao contrário, é o que deve ser averiguado ou demonstrado de caso em caso na sua efetividade, ou é presumido *juris tantum*, admitida prova em sentido oposto. É bem de ver que a lei não deixa a apreciação do perigo ao juízo do agente: no caso de perigo *presumido ou in abstracto*, funda-se na experiência geral (...) para, *a priori*, considerar perigosa esta ou aquela ação ou omissão; no caso do perigo *in concreto*, dependendo este de um juízo *a posteriori*, não é ainda a opinião do agente que se deve ter em conta, mas o juízo comum, o entendimento vulgar.

Perigo coletivo ou comum é aquele que afeta um indeterminado número de pessoas, constituindo o evento típico dos crimes e contravenções *contra a incolumidade pública* (...). Perigo individual é o que afeta o interesse de uma só pessoa ou de um exíguo e determinado grupo de pessoas e constitui o evento específico de certos crimes formais e dos *crimes de perigo*, que podiam ser chamados crimes contra a *incolumidade individual*".[6]

Mas, será que essa separação tão estanque não seria fruto de uma doutrina ultrapassada? Afinal de contas, até o momento somente foram arrolados juristas que produziram suas obras há bastante tempo. E a nova expressão ("crime de perigo abstrato de perigosidade real") seria produto de uma inovação recente.

É fato que poderão se insurgir sob a argumentação acima aqueles que ainda creem na vetusta máxima latina que idealiza o progresso histórico-temporal das ideias: "*Post hoc, ergo melius hoc*", ou seja, acreditam que sempre aquilo que vem depois é melhor que o seu precedente.

Não obstante, a verdade é que atualmente é bem difícil sustentar que sempre o que sucede é melhor do que o que havia no passado. A doutrina da crença no progresso histórico tem sofrido críticas contundentes e acertadas, pois que se sabe inexistir uma sequência linear na história humana em qualquer campo que seja, mas sim um interpenetrar de pensamentos, costumes, leis, fatos que se dinamizam em idas e vindas, quedas e ascensões.

Ainda assim, para satisfazer aqueles que teimam no "*Post hoc, ergo melius hoc*", é possível pesquisar no seio da doutrina atual o enfrentamento da questão.

---

6 HUNGRIA, Nelson. *Comentários ao Código Penal*. Volume V. 4ª. ed. Rio de Janeiro: Forense, 1958, p. 377-378.

Fato é que no presente ou no passado nada muda. Barros, por exemplo, segue o mesmo sistema separado para abordar as espécies de perigo:

> "O perigo pode ser abstrato e concreto. O primeiro é o que a lei presume *jure et de jure* na prática de certas ações ou omissões, como, por exemplo, omissão de socorro (CP, art. 135). O segundo é o que deve ser demonstrado em cada caso concreto, como, por exemplo, o delito do art. 132, CP, ou, então, quando é presumido *juris tantum*, admitindo prova em contrário, como, por exemplo, o delito do art. 130 do mesmo Código".
>
> O perigo ainda pode ser comum ou individual. Perigo comum ou coletivo é o que atinge um número indeterminado de pessoas, v.g., crime de incêndio (CP, art. 250). (...). Perigo individual é o que atinge uma só pessoa ou um número determinado de pessoas, v.g., perigo de vida (CP, art. 132)". [7]

No mesmo diapasão Capez:

> "Subdivide-se em: a)crime de perigo concreto, quando a realização do tipo exige a existência de uma situação de efetivo perigo; b)crime de perigo abstrato, no qual a situação de perigo é presumida, como no caso de quadrilha ou bando, em que se pune o agente mesmo que não tenha chegado a cometer nenhum crime; c)crime de perigo individual, que é o que atinge uma pessoa ou um número determinado de pessoas, como os dos artigos 130 a 137 do CP; d)crime de perigo comum ou coletivo, que é aquele que só se consuma se o perigo atingir um número indeterminado de pessoas, por exemplo, incêndio (art. 250), explosão (art. 251) etc.". [8]

É destacável não somente o fato de que Capez também trata as categorias de perigo concreto/abstrato e comum/individual de forma separada, mas inclusive que demonstra, com seus exemplos, a independência entre elas, pois que tanto um crime exemplificado como de perigo individual (Rixa), assim como um crime de perigo comum (quadrilha ou bando) são de perigo abstrato. Isso demonstra claramente que uma classificação nada tem a ver com a outra, ou seja, que o fato de não haver determinação das vítimas ou da vítima não impede que o crime seja de perigo concreto ou abstrato. São classificações

---
7 BARROS, Flávio Augusto Monteiro de. Op. Cit., p. 125-126.
8 CAPEZ, Fernando. *Curso de Direito Penal*. Volume 1. 16ª. ed. São Paulo: Saraiva, 2012, p. 287.

ou categorias diversas que não possuem intercomunicação necessária.

Um pouco mais econômico nas palavras, Damásio procede ao mesmo sistema:

> "O perigo pode ser abstrato, concreto, individual e comum (ou coletivo). Perigo abstrato é o presumido, advindo da simples prática da conduta positiva ou negativa. Concreto é o que deve ser provado. Individual é o que atinge pessoa determinada. Por último, perigo comum ou coletivo é o que atinge número indeterminado de pessoas".[9]

Novamente não se vislumbra qualquer elo entre a indeterminação dos atingidos pelo perigo e o perigo abstrato ou concreto, nem muito menos entre a determinação e tais categorias.

Outro autor que segue a orientação tradicionalmente repetida é Estefam:

> "Dividem-se em crimes de *perigo abstrato* (ou presumido) e *perigo concreto* (ou real). Podem ser, ademais, de *perigo individual* (se atingem pessoas determinadas) ou *coletivo* (quando afeta um número indeterminado de indivíduos).[10]

Em recente publicação, Galvão mantém a distinção dicotômica entre perigo concreto/abstrato; perigo comum/individual, sem tecer qualquer elo entre as categorias distintas.[11] Da mesma forma, Greco trata da distinção entre o perigo concreto e o perigo abstrato em um item separado[12] daquele onde se refere à divisão independente entre perigo comum e perigo individual.[13]

Parece que já foi demonstrado *"ad nauseam"* a inexistência de qualquer liame entre o perigo abstrato e o perigo comum. Não obstante, a doutrina surge com um suposto híbrido (que nem isso chega a ser) erigindo uma pretensa nova categoria de crime de perigo, qual seja o *"crime de perigo abstrato de perigosidade real"*. Na medida em que essa espécie de crime é definida como aquele em que o perigo deve ser comprovado caso a caso, mas não há necessidade de que haja vítima determinada, resta mais que claro que o que se opera nada mais é do que um palavreado vazio que designa o "crime de perigo comum", velho conhecido da dogmática penal. E ele é pretensamente chamado,

---

9   JESUS, Damásio Evangelista de. *Direito Penal*. Volume 2. 32ª. ed. São Paulo: Saraiva, 2012, p. 187.
10 ESTEFAM, André. *Direito Penal*. Volume 2. São Paulo: Saraiva, 2010, p. 193.
11 GALVÃO, Fernando. *Direito Penal*. São Paulo: Saraiva, 2013, p. 173-174.
12 GRECO, Rogério. *Curso de Direito Penal*. Volume II. 8ª. ed. Niterói: Impetus, 2011, p. 287-291.
13 Op. Cit., p. 292-293.

por meio de outro nome, a dar solução à questão do perigo abstrato "*versus*" perigo concreto, com a qual nada tem a ver. Como já visto, o fato de um crime ser de perigo comum nada diz a respeito de que esse perigo nele previsto seja concreto ou abstrato.

É incrível como podem criações mirabolantes serem capazes de penetrar no seio das discussões científicas e chegarem a ganhar espaço, inclusive obrigando estudantes e estudiosos a se "atualizarem" a respeito disso.[14]

Isso, porém, não é de assustar, especialmente no mundo de hoje onde informação se sobrepõe a formação, conhecimento ou sabedoria; quantidade é mais valorizada que qualidade; e agilidade tem maior valia do que reflexão.

Gardner bem retrata o quadro:

"*Gracias a la libertad de nuestra prensa y nuestros médios electrónicos, las voces de los chiflados a menudo se oyen mas com mayor fuerza y claridad que las de los científicos genuínos*".[15]

A triste realidade atual é que as fórmulas pseudocientíficas, as construções conceituais produzidas "*ad hoc*" para simplificar aquilo que não pode ser simplificado, enfim, as besteiras enfeitadas com ares de sapiência, com a pompa de uma expressão chamativa como sói acontecer com os tais "*crimes de perigo abstrato de perigosidade real*", conquistam espaço com facilidade. Nossa! Que impactante, que misterioso, que sofisticado, não é? "*Crime de perigo abstrato de perigosidade real*"!!!

Tem razão Étienne Klein quando chama a atenção para o poder do envolvimento que alia "a força de expressão e a fragilidade de conteúdos, o falar grande e o pensar pequeno", de modo que não se trate de nada

> "mais que uma simples questão de proliferação: de tanto se macaquear, de se autocelebrar, de tanto promover coisas sem a menor importância como sendo a epopeia do gênero humano, as formas modernas de comunicação transformam-se em uma imensa *polifonia de insignificância*".[16]

Não há novidade, nem solução e muito menos cientificidade na expressão ou no suposto conceito de "*crime de perigo abstrato de perigosidade real*". Não

---

14 É claro que essa espécie de atualização equivale juridicamente a estar a par do "Big Brother" ou "antenado" em relação às notícias da vida dos artistas!
15 GARDNER, Martin. *La ciência, lo bueno, lo malo y lo falso*. Madrid: Alianza, 1988, p. 12. Em tradução livre: "Graças à liberdade de nossa imprensa e nossos meios eletrônicos, as vozes dos dementes comumente são mais ouvidas e têm mais força e clareza que as dos cientistas genuínos".
16 Apud, GUILLEBAUD, Jean-Claude. *A força da convicção*. Trad. Maria Helena Kühner. Rio de Janeiro: Bertrand Brasil, 2007, p. 227.

se trata de inovação, mas de mera impostura cujos defensores possivelmente (se não se envergonharem a tempo), pretenderão defender como uma reação à "ciência oficial". Esse é, como ensina Pracontal, um dos dez caminhos mais usados pelos charlatães e prestidigitadores intelectuais. Em sua terceira lição de "impostura científica" o autor em destaque pontifica: "A ciência oficial, achincalharás". Nasce aí o reino do "alternativo", do "novidadeiro", que só não é acatado pelo apego desmesurado à tradição ou pelo preconceito. É sempre a mesma ladainha até que se perceba a fraude, o engano ou mesmo o autoengano.[17] Sim, o autoengano, considerando que muitas vezes há realmente equívocos e não má fé na conformação de certas teorias que induzem ao erro, coisa que parece inclusive ocorrer exatamente com o ora alardeado conceito de *"crime de perigo abstrato de perigosidade real"*.

Na sua construção, com ou sem intenção (pensa-se que sem intenção), houve mescla e confusão entre categorias jurídicas diversas.

Categorias jurídicas "são agrupamentos ideais, isto é, mentais, de elementos de realidade, e dos quais se predica, em conjunto, a procedência de uma série de consequências jurídicas". Em Direito, o sentido que se retira dos fatos ou das condutas deriva do seu pertencimento a determinada categoria jurídica. Não é outra a razão pela qual sempre que surge um novo caso, se opera de imediato, na mente do Juiz, um conjunto de conceitos jurídicos que tendem a adequá-lo a um exemplo de alguma categoria jurídica geral. É praticamente irrefutável que a pertinência de qualquer formulação verbal guarda relação de dependência direta e primordial com o pressuposto de que alguém tenha anteriormente classificado os fatos, indicando-lhes um sentido certo. No mundo do Direito, grupos fenomênicos devem ensejar efeitos iguais. A verbalização, as expressões com as quais se indicam tais grupos de tratamento uniforme correspondem aos conceitos jurídicos ou categorias. Por isso, uma das primordiais missões do pesquisador da realidade jurídica encontra-se no trabalho de identificar conceitos ou categorias de acordo com suas similitudes e distinções, impedindo com isso confusões, insegurança conceitual e equívocos.[18]

Aduz Giorgis que

"Como toda a ciência, a do direito supõe uma técnica para facilitar seu conhecimento, constituída por procedimentos que ensejam sua criação ou aplicação. A técnica jurídica é, assim, 'a arte de construir a regra de direito com precisão, objetividade, clareza e espírito de síntese".[19]

Como se percebe a ciência jurídica deve caminhar no sentido exatamente

---

17 PRACONTAL, Michel de. *A impostura científica em dez lições*. Trad. Álvaro Lorencini. São Paulo: Unesp, 2004, p. 103-135.
18 BRUTAU, José Puig. *A jurisprudência como fonte do direito*. Porto Alegre: Ajuris, 1977, pp. 173-198.
19 GIORGIS, José Carlos Teixeira. *A lide como categoria comum do processo*. Porto Alegre: Letras Jurídicas, 1991, p. 19.

inverso ao da confusão de conceitos e categorias, mas na da precisão, da segurança, da distinção clara, mesmo porque certos hibridismos não trazem resultados aceitáveis. No caso específico dos chamados *"crimes de perigo abstrato de perigosidade real"* a contradição e incompatibilidade já se revela de plano na própria expressão verbal (semântica). Observe-se que os crimes de perigo concreto também são chamados por alguns de crimes de perigo *real*. Então como é possível pretender construir uma categoria pela união de duas categorias opostas e excludentes? Em suma, ou bem um crime é de perigo abstrato ou é de perigo real. A própria expressão que aparenta sofisticação e novidade é absolutamente inaceitável, violando um princípio básico da lógica, qual seja, o da "não-contradição".[20] Se fosse admitida como categoria jurídica a expressão "crime de perigo abstrato de perigosidade real" seria uma espécie de *quimera autofágica, um Minotauro jurídico ou algo assemelhado à figura do deus mitológico Jano com duas faces opostas, um "ente bifronte". Enfim, tratar-se-ia de um instituto jurídico esquizofrênico e portador de dupla personalidade, verdadeira teratologia e/ou patologia.*

Por mais que se pretenda explicar que a palavra "real" no contexto do neologismo ora em discussão não está ali posta no sentido do crime de perigo concreto ou real e que, na realidade, se trataria de uma nova e independente categoria, isso não é viável porque decorre de uma falácia a partir do momento em que se define o termo completo como sendo um crime em que se prescinde de demonstração de perigo a pessoa determinada ou grupo determinado, mas há necessidade de demonstração de perigo no caso específico. Ora, isso nada mais é do trocar os nomes, mantendo a mesma essência. Chama-se um híbrido entre crime de perigo comum (que não precisa de determinação vitimal) e crime de perigo concreto (que precisa de prova do perigo casuisticamente), de *"crime de perigo abstrato de perigosidade real"*. Ora, isso não passa de uma espécie de *"falácia nomotética"*, que consiste em pretender solucionar um problema mediante a simples atribuição de um nome a algo, um nome que não existia ou então mudar o nome (que é o caso do neologismo em estudo). Pretende-se, portanto, solucionar o intrincado problema da decisão da aceitabilidade ou não dos crimes de perigo abstrato e hoje especificamente dessa característica ou não no crime de embriaguez ao volante, mudando os nomes das categorias jurídicas existentes, criando uma nova nomenclatura *"ad hoc"*, prenhe de contradições semânticas, lógicas, conceituais e categoriais. E o pior, parte-se de uma falsa premissa, ou seja, de que um crime de perigo comum tem necessariamente de ser de perigo concreto. Isso não é verdade, pois, como já dito e repetido, se tratam de categorias apartadas, independentes.

---

20 ABBAGNANO, Nicola. *Dicionário de Filosofia*. Trad. Alfredo Bosi e Ivone Castilho Benedetti. 4ª. ed. São Paulo: Martins Fontes, 2003, p. 203. Esse Princípio da Lógica remonta a Aristóteles: "Nada pode ser e não ser simultaneamente".

É exatamente esse induzimento ao erro que constitui a falácia,

> "do latim *fallax*": enganoso, argumento envolvendo uma forma não-válida de raciocínio. Argumento errôneo, que possui aparência de válido, podendo isso levar à sua aceitação".[21]

Mas, o termo *"crime de perigo abstrato de perigosidade real"* é tão falacioso que, dependendo do sistema classificatório das falácias que se consulte, é possível descobrir vários aspectos em que se pode encaixar. J. S. Mill, em sua obra, "A System of Logic Ratiocinative and Inductive", menciona a *"falácia de generalização"*, consistente no "intento de reduzir fenômenos radicalmente distintos a uma única classe", o que atualmente tem recebido a nomenclatura de *"falácia reducionista"*. O mesmo autor ainda cita as chamadas *"falácias de confusão"*, que derivam da ambiguidade do pensamento exposto.[22] Nada mais evidente do que o encaixe perfeito da falaciosidade do termo em estudo também nessas espécies arroladas por Mill. Senão vejamos: a parcela da expressão que fala em "perigo abstrato", na verdade está se referindo erroneamente e confusamente ao "perigo comum" (pois que define o "abstrato" do perigo com a sua indeterminação, o que nada tem a ver), doutra banda quando se menciona a tal "perigosidade real", na verdade se está confundindo com o "perigo concreto" (pois que há exigência de comprovação casuística do perigo).

Por seu turno, Blackburn chama a atenção para a característica falaciosa consistente na "incapacidade de distinguir termos",[23] que é exatamente o que ocorre com o malsinado *"crime de perigo abstrato de perigosidade real"* ao fazer uma miscelânea entre categorias jurídicas absolutamente distintas e independentes dos crimes de perigo comum e de perigo concreto.

No campo da retórica, Perelman e Olbrechts-Tyteca apresentam o "aclaramento e o obscurecimento das noções" como elementos de suma importância na linguagem. Isso porque, segundo os autores, "a necessidade de uma linguagem unívoca, que domine o pensamento científico, fez da clareza das noções um ideal" que se acredita ser sempre digno de um esforço de realização e manutenção.[24] Indaga-se, no caso enfocado, como será possível manter uma linguagem dogmática unívoca com a inserção de um híbrido contraditório

---

21 JAPIASSÚ, Hilton, MARCONDES, Danilo. *Dicionário Básico de Filosofia*. 3ª. ed. Rio de Janeiro: Jorge Zahar, 1996, p. 98.

22 MORA, José Ferrater. *Dicionário de Filosofia*. Trad. Roberto Leal Ferreira e Álvaro Cabral. 4ª. ed. São Paulo: Martins Fontes, 2001, p. 280-281.

23 BLACKBURN, Simon. *Dicionário Oxford de Filosofia*. Trad. Desidério Murcho et. al. Rio de Janeiro: Jorge Zahar, 1997, p. 140.

24 PERELMAN, Chaïm, OLBRECHTS-TYTECA, Lucie. *Tratado da Argumentação – A nova retórica*. Trad. Maria Ermantina Galvão. São Paulo: Martins Fontes, 1999, p. 150.

dentre as categorias jurídico-penais dos crimes de perigo? A criação da malfadada expressão *"crimes de perigo abstrato de perigosidade real"* faz lembrar o bordão de um celebrado comunicador televisivo cognominado "Chacrinha" (Abelardo Barbosa de Medeiros): "Eu vim para confundir, não para explicar"!

É facilmente perceptível que além das falácias já mencionadas no decorrer deste texto, a criação "ad hoc" do *"crime de perigo abstrato de perigosidade real"*, exatamente quando se discute a questão da natureza de perigo abstrato ou concreto do crime de ebriedade ao volante (artigo 306, CTB) recai também na chamada *"falácia da definição"*, que consiste na "insistência ilícita em definir um termo de maneira a favorecer a nossa posição numa discussão".[25]

Ocorre que a questão do perigo abstrato versus perigo concreto no crime do artigo 306, CTB, tem sido objeto do debate doutrinário-jurisprudencial desde a sua criação em 1997. Em sua forma originária (1997), o artigo 306, CTB, descrevia induvidosamente um crime de perigo concreto, pois essa concreção necessária era claramente descrita no texto legal com a frase "expondo a dano potencial a incolumidade de outrem". Por isso, no debate inicial, saiu vencedora, como não poderia deixar de ser, a tese do perigo concreto. Entretanto, com a alteração promovida pela Primeira Lei Seca (Lei 11.705/08) foi extirpada a frase acima descrita do texto legal, ressurgindo o debate com a prevalência para o crime de perigo abstrato. Novamente, vem a lume a Segunda Lei Seca (Lei 12.760/12), quando ganha novamente força a discussão. Acontece que os defensores do perigo concreto vão percebendo que a tese do perigo abstrato, ao menos com relação ao novo artigo 306, inciso I, vai ganhando força, já que ele é praticamente a repetição da redação dada pela Lei 11.705/08 ao referir-se à taxas de alcoolemia. Em desespero de causa, procura-se então engendrar uma categoria jurídica nova, diga-se de passagem, supostamente nova, porque, na realidade, nada mais é do que a hibridização do crime de perigo comum com o crime de perigo concreto, numa vã tentativa de por meios reflexos, ensejados por uma definição de encomenda, fazer prevalecer a fórceps a tese do perigo concreto. É aí que reside a *"falácia da definição"* ínsita visivelmente no apelo à suposta categoria jurídica do *"crime de perigo abstrato de perigosidade real"*.

Não se trata de pretender invalidar a tese e os argumentos dos defensores da inconstitucionalidade por excesso inerente à criação *desmesurada* de crimes de perigo abstrato, mas de constatar que a lei ordinária induvidosamente previu o que se chama, na falta de um melhor nome, de crime de perigo abstrato no artigo 306, CTB, ao menos em seu inciso I.[26]

Não se pode admitir a distorção ou perversão da *"mens legis"* com vistas a

---

25 BLACKBURN, Simon. Op., cit., p. 140.
26 Já foi referido linhas volvidas o entendimento de que o inciso II do artigo 306, CTB descreve crime de perigo concreto.

uma tese que, inclusive, como já demonstrado alhures, não tem sido acatada pelo próprio STF, qual seja, a da inconstitucionalidade considerada genericamente de qualquer crime de perigo abstrato, induzindo o intérprete a desvirtuar tipos penais e interpretá-los forçosamente, mesmo "*contra legem*", como se fossem de perigo concreto.[27]

Ora, muitas vezes a não previsão de um crime de perigo abstrato, deixando certos bens jurídico-penais sem proteção pode gerar inconstitucionalidade por insuficiência protetiva. É preciso apenas tomar o cuidado com a *incontrolada, irrazoável ou desproporcional proliferação de crimes de perigo abstrato*, que realmente tem sido um fenômeno constatado na atualidade, não somente no Brasil, mas no mundo.

Na verdade, embora a criação da expressão *"crime de perigo abstrato de perigosidade real"* seja desastrosa sob o aspecto científico-dogmático, chama a atenção para um lado da questão dos crimes de perigo que é muito relevante. Há efetivamente uma lacuna terminológica que precisa urgentemente ser preenchida, inclusive visando propiciar um controle da criação e manutenção dos até o momento chamados "crimes de perigo abstrato". Tanto essa expressão ("crimes de perigo abstrato"), como a alegação de que nesses casos há uma "presunção" de perigo ao bem jurídico, altamente disseminada na doutrina e na jurisprudência nacional e estrangeira, fazem com que realmente haja uma predisposição aversiva a essa categoria jurídica. Ora, como um perigo pode ser "abstrato"? Não constatável empiricamente? Fruto de que? De uma ficção jurídica? De uma, como se diz, "presunção"? Onde ficam os Princípios da Ofensividade e, principalmente, da Presunção de Inocência nesse quadro? Estar-se-ia admitindo um crime que na realidade não ofende bem jurídico algum a não ser por presunção ou, pior, por ficção?

Não é que se pretenda cair na *"falácia nomotética"* e pensar que simplesmente nomear ou renomear uma coisa poderá solucionar seus problemas. Essa falácia somente se perfaz se o que é empreendido é realmente uma conduta tipicamente nominalista, em qualquer inovação da essência das coisas.

Intenta-se impor um limite aos hoje denominados "crimes de perigo abstrato ou presumido", somente permitindo a criação e manutenção de crimes onde o perigo da conduta proibida pela lei seja "notório", "inelidível", mediante constatações cientificamente embasadas ou alicerçadas numa experiência social segura e inconteste. Não se trata de "abstração", de um perigo vagante num mundo de ideias, idealizado, portanto, e saltando para fora do real. Muito menos de uma espúria e inconstitucional "presunção de culpabilidade". Do que se trata é da constatação empiricamente válida, cientificamente comprovada e experimentada com segurança do efetivo perigo de determinadas condutas

---
27 CABETTE, Eduardo Luiz Santos. Op. Cit., p. 55-57.

à incolumidade de terceiros para além do próprio agente (Princípio da Transcendência ou da Transcendentalidade). É nesse sentido que se propõe a abolição do uso da terminologia "Crimes de Perigo Abstrato", substituindo-a por "Crimes de Perigo Notório", mas não apenas mudando os nomes e mantendo a mesma sistemática. Pretende-se impor os limites acima para a criação desses crimes de que seriam exemplos, a direção embriagada, o tráfico de drogas, o porte ilegal de armas dentre outros. No caso dos efetivos "crimes de perigo abstrato ou, pior, presumido", seria mesmo o caso de eliminação do ordenamento por inconstitucionalidade. Agora, pretender exigir prova de perigo concreto em certas condutas, é o mesmo que adotar uma postura de "cegueira voluntária" e a Justiça, ao contrário do que se alardeia, não pode ser cega, ela deve enxergar muito bem, ser astuta, sagaz, jamais deficiente visual, ingênua, tola.[28]

Seguindo aproximativamente essa linha de pensamento, o autor lusitano Figueiredo Dias apresenta as tradicionais divisões entre perigo abstrato e concreto, aludindo à mesma polêmica sobre a inconstitucionalidade dos primeiros que tem sido rechaçada também naquelas terras pela maioria doutrinária e pelo Tribunal Constitucional. Entretanto, também não advoga uma incontida aceitação da abstração do perigo ou uma mera presunção como suficientes para a incriminação legítima. A não inconstitucionalidade está, segundo o autor, condicionada ao objetivo de

> "proteção de bens jurídicos de grande importância, quando for possível identificar claramente o bem jurídico tutelado e a conduta típica for descrita de uma forma tanto quanto possível precisa e minuciosa".[29]

Figueiredo Dias, alicerçando-se no escólio de Costa Faria, Blanca Buergo Mendoza e Rodrigues Mourullo, apresenta a terminologia limitativa dos chamados "crimes de perigo abstrato-concreto", "crimes de aptidão"[30] ou de "conduta concretamente perigosa".[31]

---

28 Op. Cit., p. 53-54.
29 FIGUEIREDO DIAS, Jorge de. *Direito Penal Parte Geral*. Tomo I. São Paulo/Coimbra: Revista dos Tribunais/Coimbra, 2007, p. 309-310. Ele ainda arrola autores como Costa Faria, Blanca Buergo Mendoza e Rodrigues Mourullo, os quais também propõem uma inovação terminológica e material na noção do hoje chamado "perigo abstrato ou presumido", indicando a categoria inovadora dos "crimes de aptidão".
30 Defendidos também por Claus Roxin, Silva Dias e Helena Moniz, quando também se faz menção à terminologia de "crimes de perigo potencial". Op. Cit., p. 310.
31 Terminologia proposta por Bockelmann e também mencionada por Paula Ribeiro Faria. Op. Cit., p. 310-311.

Dentre essas mudanças terminológicas é importante ressaltar que não se cai na já tantas vezes mencionada *"falácia nomotética"*, mas se processa uma efetiva criação de uma categoria jurídica de crimes de perigo que fazem exigências diversas do mero "perigo abstrato ou presumido" pela imprescindibilidade da demonstração da natureza perigosa da conduta, independentemente do caso concreto. São situações em que é iniludível a presença do perigo como integrante da própria conduta típica descrita, o qual faz parte de sua natureza mesma. Por isso a desnecessidade de sua demonstração casuística. Nesses casos o que deve ser casuística e bem determinada é a descrição semântica dos tipos penais, não deixando dúvidas sobre a conduta que traz em si a perigosidade natural. Exemplificando, se prevejo um crime que descreve: "causar perigo à incolumidade ou à saúde de outrem", não há como pretender não demonstrar caso a caso o perigo que se adéqua ou não a tal descrição aberta. Mas, se descrevo a seguinte conduta, "desferir disparos de arma de fogo em direção aos pés de outrem sem o intento de alvejar", seria preciso comprovar, caso a caso, o perigo, ou essa exigência seria absurda? Parece que a resposta é que seria absurda. O mesmo ocorre com o crime de dirigir sob efeito de álcool acima de determinada concentração já cientificamente comprovada como alteradora do sistema nervoso e psicomotor.

Em meio às nomenclaturas propostas é de ressaltar que algumas mantém certa contradição como, por exemplo, as do "perigo abstrato-concreto" e "conduta concretamente perigosa", não devendo ser adotadas de acordo com o entendimento exposto neste trabalho. Por outro lado, a denominação "crimes de aptidão" pode ser aceita tal qual a proposta formulada neste texto da terminologia de "crimes de perigo notório".

Nesses "crimes de aptidão" "o perigo converte-se em parte integrante do tipo e não num mero motivo da incriminação, como sucede nos autênticos crimes de perigo abstrato. Por outro lado, porém, a realização típica desses crimes não exige a efetiva produção de um resultado de perigo concreto".[32]

Os chamados "crimes de aptidão" (*Eignungsdelikte*) tiveram desenvolvimento dogmático inicial na doutrina alemã, segundo expõe Mendoza Buergo[33] e podem, enquanto categoria realmente inovadora, contribuir produtivamente para uma melhor terminologia e limitação daquilo que hoje é tratado como crime de perigo abstrato ou presumido. Repise-se que não se trata de mera alteração nominalista, terminológica, mas também conceitual. Note-se que os "crimes de aptidão" são "originalmente desenvolvidos por Schröder sob a denominação de 'crimes de perigo abstrato-concreto' (*abstrakt-konkrete*

---

32 Op. Cit., p. 311.
33 MENDOZA BUERGO, Blanca. *Límites dogmáticos y político-criminales de los delitos de peligro Abstracto.* Granada: Editorial Comares, 2001, p. 38.

Gefährdungsdelikte)"[34] migrando posteriormente para a denominação supra, mais condizente e sem o mal da contradição lógica. Eles consistem numa

> "modalidade de crimes de perigo marcados pela exigência de "aptidão" em produzir o resultado danoso, vale dizer, a "aptidão" é elementar do tipo". Dessa forma, distintamente dos crimes de perigo abstrato nos quais, segundo entendimento tradicional, "o perigo apresenta-se apenas como elemento de motivação legislativa, nos delitos de aptidão, o perigo se faz presente na figura típica, através da noção de "idoneidade", o que, por consequência, exige, para o seu reconhecimento, um juízo *ex ante* de probabilidade de produzir um dano ao bem jurídico tutelado".[35]

É esse juízo *ex ante*, obtido pela análise cientificamente embasada, socialmente comprovada, estatisticamente demonstrada e empiricamente constatada com absoluta notoriedade que legitima a inexigência de comprovação casuística do perigo, o qual advém de uma experiência já adquirida e incontestável para a qual o Direito não pode simplesmente fechar os olhos, já que *não é o mundo que está nos autos, mas os autos é que estão num mundo*,[36] este sim concreto, pleno de realidades incontrastáveis como, por exemplo, o fato de que dirigir embriagado acima de certa dosagem é um ato perigoso devido ao rebaixamento psicomotor cientificamente comprovado.

REFERÊNCIAS

ABBAGNANO, Nicola. *Dicionário de Filosofia*. Trad. Alfredo Bosi e Ivone Castilho Benedetti. 4ª. ed. São Paulo: Martins Fontes, 2003.

BARROS, Flávio Augusto Monteiro de. *Direito Penal*. Volume 2. 2ª. ed. São Paulo: Saraiva.

---

34 Perceba-se que autor também posteriormente não se ateve a essa denominação inicial contraditória em termos e a alterou para "crimes de aptidão".
35 TANGERINO, Davi de Paiva Costa, D'ÁVILA, Fábio Roberto, CARVALHO, Salo de. O Direito Penal na luta contra o terrorismo. Delineamentos teóricos a partir da criminalização dos movimentos sociais – o caso do movimento dos trabalhadores rurais sem-terra. *Revista Sistema Penal & Violência. Revista Eletrônica da Faculdade de Direito Programa de Pós-Graduação em Ciências Criminais Pontifícia Universidade Católica do Rio Grande do Sul – PUCRS*. Porto Alegre: Volume 4, n. 1, jan./jun., 2012, p. 17. Também disponível em http://www.academia.edu/2103007/O_Direito_Penal_na_Luta_contra_o_Terrorismo_Delineamentos_teoricos_a_partir_da_criminalizacao_dos_movimentos_sociais, acesso em 24.03.2013.
36 Referência crítica ao vetusto e inconsequente brocardo latino "quod non est in actis non est in mundo" ("o que não está nos autos não está no mundo").

BLACKBURN, Simon. *Dicionário Oxford de Filosofia*. Trad. Desidério Murcho et. al.Rio de Janeiro: Jorge Zahar, 1997.

BRUTAU, José Puig. *A jurisprudência como fonte do direito*. Porto Alegre: Ajuris, 1977.

CABETTE, Eduardo Luiz Santos. *Nova Lei Seca*. Rio de Janeiro: Freitas Bastos, 2013.

CAPEZ, Fernando. *Curso de Direito Penal*. Volume 1. 16ª. ed. São Paulo: Saraiva, 2012.

CUNHA, Rogério Sanches. Você já ouviu falar de "crime de perigo abstrato de perigosidade real"? Disponível em http://atualidadesdodireito.com.br/rogeriosanches/2013/03/21/voce-ja-ouviu-falar-de-crime-de-perigo-abstrato-de-perigosidade-real/ , acesso em 22.03.2013.

ESTEFAM, André. *Direito Penal*. Volume 2. São Paulo: Saraiva, 2010.

FIGUEIREDO DIAS, Jorge de. *Direito Penal Parte Geral*. Tomo I. São Paulo/Coimbra: Revista dos Tribunais/Coimbra, 2007.

GALVÃO, Fernando. *Direito Penal*. São Paulo: Saraiva, 2013.

GARDNER, Martin. *La ciência, lo bueno, lo malo y lo falso*. Madrid: Alianza, 1988.

GIORGIS, José Carlos Teixeira. *A lide como categoria comum do processo*. Porto Alegre: Letras Jurídicas, 1991.

GRECO, Rogério. *Curso de Direito Penal*. Volume II. 8ª. ed. Niterói: Impetus, 2011.

GUILLEBAUD, Jean-Claude. *A força da convicção*. Trad. Maria Helena Kühner. Rio de Janeiro: Bertrand Brasil, 2007.

HUNGRIA, Nelson. *Comentários ao Código Penal*. Volume V. 4ª. ed. Rio de Janeiro: Forense, 1958.

JAPIASSÚ, Hilton, MARCONDES, Danilo. *Dicionário Básico de Filosofia*. 3ª. ed. Rio de Janeiro: Jorge Zahar, 1996.

JESUS, Damásio Evangelista de. *Direito Penal*. Volume 2. 32ª. ed. São Paulo: Saraiva, 2012.

MENDOZA BUERGO, Blanca. *Límites dogmáticos y político-criminales de los delitos de peligro Abstracto.*Granada: Editorial Comares, 2001.

MORA, José Ferrater. *Dicionário de Filosofia*. Trad. Roberto Leal Ferreira e Álvaro Cabral. 4ª. ed. São Paulo: Martins Fontes, 2001.

NORONHA, Edgard Magalhães. *Direito Penal*. Volume 2. 24ª. ed. São Paulo: Saraiva, 1990.

PERELMAN, Chaïm, OLBRECHTS-TYTECA, Lucie. *Tratado da Argumentação – A nova retórica*. Trad. Maria Ermantina Galvão. São Paulo: Martins Fontes, 1999.

PRACONTAL, Michel de. *A impostura científica em dez lições*. Trad. Álvaro Lorencini. São Paulo: Unesp, 2004.

TANGERINO, Davi de Paiva Costa, D'ÁVILA, Fábio Roberto, CARVALHO, Salo de. O Direito Penal na luta contra o terrorismo. Delineamentos teóricos a partir da criminalização dos movimentos sociais – o caso do movimento dos trabalhadores rurais sem-terra. *Revista Sistema Penal & Violência. Revista Eletrônica da Faculdade de Direito Programa de Pós-Graduação em Ciências Criminais Pontifícia Universidade Católica do Rio Grande do Sul – PUCRS*. Porto Alegre: Volume 4, n. 1, pp. 1-21, jan./jun., 2012.

B) A FALSA PREMISSA DO TRATAMENTO PENALMENTE DESPROPORCIONAL ENTRE OS INCURSOS NOS INCISOS I OU II DO ARTIGO 306, CTB (EMBRIAGUEZ AO VOLANTE)

Autor: Eduardo Luiz Santos Cabette, Delegado de Polícia, Mestre em Direito Social, pós-graduado com especialização em Direito Penal e Criminologia e Professor de Direito Penal, Processo Penal, Criminologia e Legislação Penal e Processual Penal Especial na graduação e na pós-graduação do Unisal

A Lei 12.760/12, cognominada "Nova Lei Seca", alterou a redação do artigo 306, CTB, dividindo as formas de comprovação de alteração da capacidade psicomotora em dois incisos independentes. No inciso I, a prova é produzida por meio de exame toxicológico de sangue e/ou exame de etilômetro com previsão de concentrações que indicam a ebriedade perigosa. No inciso II, a ser utilizado como complemento do I ou independentemente, em caso de negativa dos exames e testes sobreditos com base no direito à não-autoincriminação, a prova pode ser feita pela constatação de sinais que indiquem a alteração da capacidade psicomotora, seja por meio de exame clínico, testemunho, filmagens, fotos etc. Inclusive esses sinais já são disciplinados pela Resolução Contran 432/13.

Em obra específica sobre o tema já houve a manifestação de que o inciso I prevê como dantes (Lei 11.705/08) figura de crime de perigo abstrato, conforme já firmado pela maioria doutrinária e jurisprudencial. Nesse inciso a prova é feita pelas taxas de alcoolemia e não admite discussão quanto ao perigo ocasionado na direção em concentrações cientificamente apontadas como alteradoras do psiquismo e reflexos de **qualquer** ser humano. Já no inciso II, ao referir-se a sinais indutores da ebriedade perigosa, o perigo deve ser concretamente demonstrado pela direção descontrolada, pela voz pastosa, hálito etílico, verborragia, descontrole emocional, andar cambaleante etc. Não há como fugir, portanto, da conclusão de que o novo perfil do crime previsto no artigo 306, CTB, de acordo com a Lei 12.760/12 é anômalo, ou seja, em parte de perigo abstrato (inciso I – ao qual se prefere chamar de "perigo notório", pois que é de sabença trivial o perigo existente, além de evitar a questão de eventual aparência de presunção de culpabilidade, que não é o que ocorre no caso); em parte de perigo concreto (inciso II).[37]

---

37 Cf. CABETTE, Eduardo Luiz Santos. *Nova Lei Seca*. Rio de Janeiro: Freitas Bastos,

Não obstante, já se tem notícia de rumores sobre eventuais críticas a essa opção legislativa e/ou à interpretação dada neste sentido ao artigo 306, I e II, CTB. Pretende-se alegar que o indivíduo incurso no inciso I, havendo colaborado com a apuração dos fatos espontaneamente, teria tratamento mais rigoroso do que aquele que incide no inciso II, o qual se negou aos exames e testes, opondo resistência à produção da prova. Isso porque o inciso I traria uma previsão de crime de perigo abstrato, mais facilmente comprovável e mais dificilmente refutável após a produção da prova pericial e/ou do teste de etilômetro, enquanto o inciso II traria hipótese de crime de perigo concreto, apontando a necessidade de comprovação casuística do perigo. Nesse passo haveria infração à proporcionalidade, tratando-se com mais rigor aquele que apresenta menos resistência à apuração dos fatos e com menos rigor aquele que se opõe frontalmente à investigação estatal.

A alegação acima até aparenta coerência, mas não resiste à demonstração de que não passa de recurso retórico. Em primeiro lugar parte de uma falsa premissa, generalizando algo que é particular. A falsa premissa é a de que todo aquele que sopra um etilômetro ou permite retirada de sangue está pretendendo colaborar com a Justiça e produzir prova contra si mesmo numa espécie de *autoimolação santificada pelo arrependimento*. Abandonada nos escaninhos poeirentos e cheios de teias de aranha da história, a figura idealizada do "bom selvagem", parece que agora vem ressurgir na forma da moderna ereção da figura do "bom motorista bêbado"!

É claro que pode haver sim quem se proponha a produzir prova contra si mesmo, arrependido e reconhecendo o erro perpetrado, assim como existem pessoas que confessam espontaneamente crimes cometidos no dia a dia forense e policial, revelando mesmo o intuito de colaborar com a Justiça e demonstrando sincero arrependimento de seus atos. No entanto, isso não pode ser generalizado. Há quem confesse porque não tem outra saída, porque vislumbra uma atenuante que lhe é de conhecimento ou indicada por seu advogado ou mesmo pelo Delegado, Juiz ou Promotor. Assim também muitos sopram o etilômetro ou retiraram sangue para exame, esperando com isso que a taxa de alcoolemia esteja abaixo da legalmente incriminada.

A retórica do argumento neste aspecto é facilmente detectável dentre as falácias usuais. A primeira que transparece é a chamada *"falácia secundum quid" (negligenciar qualificações)*, sendo um de seus exemplos mais corriqueiros a *"falácia do acidente recíproco ou falácia da generalização apressada"*. Ela consiste no erro de tentar "argumentar a partir de um caso particular para uma regra geral não especialmente apropriada a este mesmo caso. Um exemplo deste tipo de argumento poderia ser este: 'Nandu (uma avestruz) é um pássaro

---

2013, p. 59.

que não voa; logo, nenhum pássaro voa".[38] Trazendo para o nosso caso: "João é um bêbado bonzinho que sopra o etilômetro para ajudar o Estado a provar sua embriaguez ao volante; logo todo bêbado é bonzinho e sopra o etilômetro com essa mesma finalidade!".

Também é interessante perceber que o aceno com a violação da proporcionalidade como que a defender a preservação dos direitos individuais no caso concreto acaba, nas entrelinhas, por negligenciar ou até mesmo proceder a uma valoração negativa quanto ao uso de um direito constitucional do investigado ou réu, qual seja o direito de não produzir prova contra si mesmo. Ao afirmar que aquele que se nega a fazer teste de etilômetro ou a retirar sangue para exame toxicológico deveria ter um tratamento mais rigoroso ou pelo menos não poderia ter um tratamento mais benéfico do que aquele que concorda com os exames e testes, está se operando insidiosamente e talvez até mesmo inconscientemente, uma demonização do indivíduo que simplesmente exerce um direito processual penal e constitucional. Por que aquele que se nega aos testes e exames, no exercício regular de um direito fundamental, deve ser avaliado de forma negativa?

Além disso, a assertiva da violação da proporcionalidade nesses casos confunde uma questão de fato com matéria de direito. A maior ou menor dificuldade estatal na produção da prova (questão de fato), especialmente tendo em vista a atuação defensiva do investigado ou réu, seja na autodefesa ou na defesa técnica não pode, de forma alguma, ser argumento levantado para justificar um tratamento mais ou menos benéfico. Será que aquele que nega a prática criminosa ou usa de seu direito ao silêncio em autodefesa deve ser avaliado negativamente? A lei e a constituição dizem o reverso, não é? Que se saiba o silêncio não pode ser interpretado contra o réu, assim como o uso de seu direito a não autoincriminação e não produção de prova contra si mesmo! Será que o acusado ou indiciado que é assistido por um advogado combativo deve ser avaliado negativamente pelo julgador e até mesmo, como parece ser proposto, pelo legislador? Doutra banda, mereceria tratamento mais brando todo aquele que subservientemente abrisse mão de seus direitos fundamentais constitucionalmente tutelados e se entregasse de bom grado à sanha punitiva estatal?

A verdade é que a argumentação não se sustenta e chega a tender para um autoritarismo que num primeiro momento parece pretender se levantar para combater!

Conclui-se, portanto, que não há falar em violação de proporcionalidade entre os incisos I e II do artigo 306, CTB, sendo o primeiro descritivo de crime de perigo abstrato (ou notório) e o segundo de crime de perigo concreto.

---

38 AUDI, Robert. *Dicionário de Filosofia de Cambridge*. Trad. João Paixão Netto e Edwino Aloysius Royer. São Paulo: Paulus, 2006, p. 322.

Inclusive, nada impede que o julgador, no caso do inciso I, analisando o caso específico sob sua jurisdição e constatando a conduta pós delitual do réu, o qual efetivamente demonstre não subserviência ao Estado, mas consciência de seu desvio e vontade sincera de reforma de sua postura pessoal perante os regramentos legais, possa levar isso em consideração na dosimetria da pena-base, nos termos do artigo 59, CP ou mesmo artigos 65 e 66 do mesmo Codex (atenuantes genéricas nominadas e inominadas respectivamente). Aliás, isso não deixa de ser possível também em relação àquele que se enquadre inicialmente no inciso II do artigo 306, CTB, tudo dependendo do caso concreto sob análise judicial e não de generalizações idealizadas para o bem ou para o mal.

REFERÊNCIAS

AUDI, Robert. *Dicionário de Filosofia de Cambridge*. Trad. João Paixão Netto e Edwino Aloysius Royer. São Paulo: Paulus, 2006.

CABETTE, Eduardo Luiz Santos. *Nova Lei Seca*. Rio de Janeiro: Freitas Bastos, 2013.

C) ATUALIZAÇÕES CRÍTICAS SOBRE A NOVA LEI 13.546/17, DE 09.12.2017

Foi publicada no dia 19.12.2017, ao apagar das luzes, a Lei 13.546/17, que, uma vez mais, alterou o Código de Trânsito Brasileiro no intuito de adequar algumas condutas – que geram enorme repercussão social – ao nosso ordenamento jurídico, especialmente no que se refere aos casos de "acidentes" provocados por motoristas em estado de embriaguez.

Não é de hoje que o legislador ordinário vem buscando, através do Direito Penal, prevenir e reprimir condutas sabidamente deletérias à segurança viária. É, de fato, lamentável que o baixo grau de civilidade do povo brasileiro faça com que haja a necessidade de que tudo seja perfeitamente regulamentado, inclusive através da criação de crimes. Há quem diga, por exemplo, que os radares eletrônicos, os chamados "pardais", tenham colaborado com a moralização do trânsito. Contudo, numa análise filosófica da questão, fica evidente que isso não é verdade, como bem ensina o professor Clóvis de Barros Filho.[39]

De acordo com o filósofo, só se moraliza algo quando se dá ao outro a oportunidade para soberanamente escolher, decidir e deliberar a velocidade que vai imprimir ao seu veículo. Neste sentido, completa o professor: "o papel civilizador da sociedade; o papel moralizador da sociedade, é ensinar para os seus filhos por que é preciso maneirar na velocidade, para que possam eles, moralmente, decidir por andar em velocidades compatíveis". Com efeito, conclui-se que, na verdade, os radares expõem a desmoralização do trânsito, uma vez que o comportamento do motorista não é pautado por valores morais, de livre escolha, mas por uma imposição do sistema.

Por óbvio, todo cidadão tem ciência dos riscos trazidos pelo seu comportamento imprudente, seja ao dirigir em velocidade incompatível com a via ou em condições de embriaguez. Não obstante, considerando que o povo brasileiro ainda precisa evoluir muito em termos de valores éticos e morais, torna-se, infelizmente, imprescindível o recurso ao Direito Penal com o objetivo de mitigar o cenário trágico que envolve o nosso trânsito.

Feitas essas considerações, lembramos que a saga do legislador no combate aos "acidentes" causados pelo uso do álcool e outras substâncias psicoativas, ganhou uma nova fase com o advento da Lei 12.760/12, que alterou o artigo 306, do CTB, viabilizando, assim, a responsabilização penal de motoristas que dirigissem nessas condições.

---

39 BARROS FILHO, Clóvis de. *Moral e Ética*. Aula 1. Brasília, 2003. Disponível: https://www.youtube.com/watch?v=Q0jzSJpB3OM&t=6119s . Acesso em: 21.12.2017.

Destaque-se que antes dessa alteração a embriaguez só poderia ser constatada por meio do exame de etilômetro ("bafômetro") ou exame de sangue. Ocorre que tais meios de obtenção de provas dependiam exclusivamente da colaboração do motorista. Assim, tendo em vista que a Constituição da República e o Pacto de São José da Costa Rica garantem o direito do indivíduo de não produzir provas contra si mesmo (princípio do *nemo tenetur se detegere*), era muito difícil a comprovação do estado etílico.

Ocorre que a "Nova Lei Seca" (Lei 12.760/12) promoveu mudanças sensíveis no tipo penal do artigo 306, CTB, permitindo, em linhas gerais, que o estado de embriaguez fosse comprovado por diversos meios, tais como exames de alcoolemia, vídeos, testemunhas ou outras provas admitidas pelo ordenamento jurídico, o que, evidentemente, tornou mais viável a punição nessas hipóteses.

Posteriormente, considerando os inúmeros casos de morte no trânsito causados por motoristas embriagados, surgiu a Lei 12.971/14, que alterou, entre outros pontos, o artigo 302, do CTB, que trata do crime de homicídio culposo na direção de veículo automotor. Foram acrescidos dois parágrafos ao dispositivo, sendo que o § 1º criou algumas causas de aumento de pena e o § 2º estabeleceu uma qualificadora para o agente que causasse morte no trânsito devido à alteração de sua capacidade psicomotora pela influência de álcool ou outra substância que determinasse dependência ou, ainda, em razão de haver participado, na via pública, de corrida, disputa ou competição automobilística não autorizada.

De pronto, verificou-se a falha do legislador na edição da Lei 12.971/14, pois, se a ideia era punir de forma mais rigorosa os autores de homicídio culposo nessas circunstâncias, o "tiro saiu pela culatra". Tal conclusão era subsidiada pelo fato de que a qualificadora em questão apenas alterou a natureza da sanção penal imposta em relação ao *caput*, do artigo 302, passando de pena de *detenção* para a de *reclusão*, provavelmente no intuito de viabilizar o regime inicial fechado no caso de reincidência.

Demais disso, lastimou-se na época que o "estrago" legislativo não se limitou à ausência de uma necessária sanção penal mais rigorosa para motoristas bêbados e altamente inconsequentes. Isso porque, ao concentrar como qualificadora a circunstância do motorista encontrar-se embriagado, o novo texto trazido pela Lei 12.971/14, retirou a autonomia do delito de "embriaguez ao volante" em relação ao homicídio culposo, entendimento até então majoritário, que viabilizava o concurso entre os dois crimes e propiciava o aumento da reprimenda estatal, tanto pela somatória das penas (para aqueles que consideravam se tratar de concurso material), quanto pelo sistema da exasperação (para os filiados à tese do concurso formal).

Mas a maior "barbeiragem" do legislador foi verificada na mudança promovida no artigo 308, do CTB, onde encontra-se o crime de "participação em racha". A Lei 12.971/14 criou uma qualificadora no artigo 308, § 2º, para o caso de morte culposa decorrente desse tipo de competição não autorizada na via pública, o que conflitava com o artigo 302, § 2º, já destacado, que apresentava os mesmos elementos típicos.

O mais inacreditável de tudo isso é que o citado erro grosseiro quanto às qualificadoras do art. 308 já havia sido devidamente indicado durante a tramitação do Projeto de Lei que originou a Lei nº 12.971/2014 (Projeto nº 2.592/2007), em relatório da Comissão de Constituição e Justiça e Cidadania, com trecho abaixo transcrito:

> Todavia vislumbramos que no Projeto original encontra-se uma incongruência de natureza redacional. Ora a parte final do § 2º do art. 302 e o disposto no art. 308, ambos alterados pelo Projeto de Lei nº 2.592-A/07, aprovado na Câmara dos Deputados em 24/4/2013, existe duplicidade de condutas típicas, pois, em acatando emenda de Plenário, esqueceu o Relator de verificar que o **fato já estava tipificado em outro dispositivo** (grifamos).

Em decorrência disso, o § 2º, do artigo 302, CTB, acabou sendo revogado pela Lei 13.281/16, o que fez com que se retomasse o cenário jurídico existente antes da desastrosa Lei 12.971/14, ou seja, o crime de homicídio culposo na direção de veículo automotor voltou a admitir o concurso com o crime de embriaguez ao volante, e a morte culposa ocorrida em virtude de participação em racha passou a encontrar adequação típica perfeita no artigo 308, § 2º, do CTB.

Quando parecia que a polêmica havia se encerrado, surge a Lei 13.546/17, alterando novamente o CTB para inserir figuras qualificadas nos seus artigos 302 e 303, além de outras inovações.

Em consonância com o § 3º, acrescentado ao artigo 302, do CTB, pela Lei 13.546/17: "se o agente conduz o veículo automotor sob a influência de álcool ou de qualquer substância psicoativa que determine dependência: Penas – reclusão, de cinco a oito anos, e suspensão ou proibição do direito de se obter a permissão ou habilitação para dirigir veículo automotor".

Já o § 2º, do artigo 303, CTB, prevê o seguinte: "A pena privativa de liberdade é de reclusão de dois a cinco anos, sem prejuízo das outras penas previstas neste artigo, se o agente conduz o veículo com capacidade psicomotora alterada em razão da influência de álcool ou de outra substância psicoativa que determine dependência, e se do crime resultar lesão corporal de natureza grave ou gravíssima".

Nota-se, de pronto, que a qualificadora do homicídio culposo exige apenas que o agente esteja "sob a influência de álcool ou de qualquer substância psicoativa que determine dependência" (grifamos), enquanto a qualificadora da lesão corporal culposa estabelece a necessidade de que o motorista esteja "com a capacidade psicomotora alterada em razão da influência do álcool" (grifamos).

Diante disso, parece que o legislador teve a intenção de exigir apenas o consumo de bebida alcoólica ou outra substância que cause dependência para a caracterização da qualificadora do § 3º, do artigo 302, CTB, dispensando, por outro lado, tratamento mais rigoroso na constatação do estado do agente na qualificadora do § 2º, do artigo 303, uma vez que se exige a alteração da capacidade psicomotora.

Não temos dúvidas de que vão surgir entendimentos no sentido de que na qualificadora do homicídio culposo bastaria se comprovar a ingestão da substância, o que, por óbvio, tornaria muito mais viável a responsabilização penal do agente. Se uma testemunha confirmasse o uso de bebida alcoólica, por exemplo, já restaria caracterizada a qualificadora.

Data máxima vênia, mas não é essa a nossa visão. Parece-nos que o legislador se equivocou na redação do dispositivo movido por uma ânsia punitivista que fere não apenas os princípios da legalidade e da proporcionalidade, mas também a própria segurança jurídica.

Ora, se o agente consumiu uma cerveja 04 horas antes do crime, estaria ele "sob a influência" da bebida? E se a ingestão ocorreu na noite anterior, mais de 12 horas antes do crime, ele estaria "sob a influência" do álcool? Na linha de Rogério Sanches[40], entendemos que a distinção feita pelo legislador não tem cabimento, sendo indispensável, em qualquer caso, a constatação da alteração da capacidade psicomotora do agente (Resolução do CONTRAN 432/13).

Isto, pois, a própria razão de se punir a conduta de dirigir embriagado ou sob o efeito de drogas ilícitas reside no fato de que o consumo dessas substâncias pelo agente afeta a sua capacidade para a condução do veículo automotor, podendo, consequentemente, dar causa a acidentes no trânsito, o que coloca em risco toda a coletividade.

O entendimento contrário também ofende o princípio da legalidade, no seu aspecto que exige um mandado de certeza na redação de tipos penais, pois sem a adoção dos procedimentos adequados previstos na Resolução do CONTRAN jamais se poderia saber se o consumo dessas substâncias efetivamente comprometeu a capacidade psicomotora do motorista.

---

40 CUNHA, Rogério Sanches. *Lei 13.546/17: Altera disposições do Código de Trânsito Brasileiro.* Disponível: http://meusitejuridico.com.br/2017/12/20/lei-13-54617-altera-disposicoes-codigo-de-transito-brasileiro/ . Acesso em 21.12.2017.

Como último argumento, entendemos que a interpretação diversa da aqui esposada fere de morte o princípio da proporcionalidade. Isto, pois, não teria cabimento se exigir a comprovação da alteração da capacidade psicomotora para um crime mais brando, como a lesão corporal culposa qualificada (art. 303, § 2º) ou mesmo a embriaguez ao volante (art. 306, CTB) e abrir mão dessa constatação no crime cujas penas são mais severas (art. 302, § 3º, CTB).

Feitas essas colocações, advertimos que a redação do § 2º, do artigo 303, do CTB, também pode suscitar interpretações diversas na doutrina. Alguns podem argumentar que o crime seria qualificado independentemente do estado de embriaguez do agente, bastando, para tanto, que ele tenha dado causa a uma lesão corporal culposa de natureza grave ou gravíssima, nos termos do artigo 129, §§ 1º e 2º, do CP.

Não é esse o nosso entendimento. Pensamos que a qualificadora em questão só se caracteriza quando o agente estiver embriagado (ou sob o efeito de outra substância psicoativa que cause dependência) e, por conta disso, provoque um acidente que resulte em uma lesão corporal culposa de natureza grave ou gravíssima. Note-se que na redação do dispositivo o legislador se valeu da conjunção aditiva "e", razão pela qual, exige-se a constatação das duas hipóteses fáticas descritas no tipo. Isso significa que se o motorista estiver embriagado e provocar uma lesão corporal de natureza leve, não se aplica a qualificadora, podendo, todavia, responder pela embriaguez ao volante (art. 306) em concurso com a lesão corporal leve (art. 303, *caput*), situação que, vale lembrar, inviabiliza a concessão dos benefícios da transação penal, da composição civil dos danos e faz com que o crime de lesão corporal se torne de ação penal pública, nos termos do art. 291, § 1º, CTB.

Uma inovação interessante trazida pela Lei 13.546/17 foi a alteração no artigo 308, CTB, para incluir na sua descrição típica as condutas de *exibição ou demonstração de perícia em manobra de veículo automotor*. Antes punia-se somente as condutas de participar, na via pública, de *corrida, disputa* ou *competição* automobilística não autorizada, sendo que a *exibição* ou a *demonstração* de perícia no veículo caracterizava apenas a contravenção penal de direção perigosa (art. 34, LCP).

Por fim, o projeto que resultou na Lei 13.546/17 pretendia inserir dois parágrafos no artigo 291, do CTB, mas o § 3º acabou sendo objeto de veto presidencial. Segundo o dispositivo: "Nos casos previstos no § 3º do art. 302, no § 2º do art. 303 e nos §§ 1º e 2º do art. 308 deste Código, aplica-se a substituição prevista no inciso I do *caput* do art. 44 do Decreto-Lei nº 2.848, de 7 de dezembro de 1940 (Código Penal), quando aplicada pena privativa de liberdade não superior a quatro anos, atendidas as demais condições previstas nos incisos II e III do *caput* do referido artigo".

Nas razões do veto ponderou-se o seguinte: "O dispositivo apresenta incongruência jurídica, sendo parcialmente inaplicável, uma vez que, dos três casos elencados, dois deles preveem penas mínimas de reclusão de 5 anos, não se enquadrando assim no mecanismo de substituição regulado pelo Código Penal. Assim, visando-se evitar insegurança jurídica, impõe-se o veto ao dispositivo". Sobre esse ponto são lapidares as lições de Rogério Sanches:

> O veto é apenas parcialmente procedente, pois, no caso do homicídio culposo, apesar da quantidade da pena a substituição poderia ocorrer porque, segundo dispõe o art. 44, I, do CP, nos crimes culposos a substituição é cabível independentemente da pena aplicada (e não incide o requisito de que o crime deve ser cometido sem violência ou grave ameaça a pessoa). No que concerne ao art. 308, no entanto, de fato a substituição não seria cabível, pois, tratando-se de figura preterdolosa (o agente tem o propósito de participar de uma competição ilegal e causa a morte involuntariamente), seria necessário que fossem obedecidos os mesmos requisitos do crime doloso, pois antes de integralizar-se o resultado culposo realiza-se, por completo, um crime doloso.[41]

Diante dessas conclusões, percebe-se que as "barbeiragens" não se restringem ao trânsito e ao Poder Legislativo, atingindo, ainda, o próprio Poder Executivo. De fato, não havia qualquer razão para se vetar a possibilidade de substituição da pena privativa de liberdade por restritiva de direito nos crimes culposos. Sem embargo, considerando que as regras do Código Penal se aplicam subsidiariamente ao CTB, não vemos óbice na concessão do benefício, desde que observados os requisitos legais.

Já o § 4º, acrescido pela nova lei ao artigo 291, estabelece que o juiz fixará a pena-base segundo as diretrizes previstas no artigo 59, do Código Penal, "dando especial atenção à culpabilidade do agente e às circunstâncias e consequências do crime". Aqui ficamos com a impressão que o legislador pecou pelo excesso, haja vista o artigo 59, do CP, já deve ser aplicado no momento de fixação da pena-base, o que, data vênia, torna esse novo dispositivo desnecessário devido a sua redundância.

---
41 CUNHA, Rogério Sanches. *Lei 13.546/17: Altera disposições do Código de Trânsito Brasileiro.*
Disponível: http://meusitejuridico.com.br/2017/12/20/lei-13-54617-altera-disposicoes-codigo-de-transito-brasileiro/. Acesso em 21.12.2017.

Uma última observação relevante diz respeito à utilização banalizada do reconhecimento do "dolo eventual" em detrimento da "culpa consciente", especialmente em casos de homicídios no trânsito quando o autor estava embriagado. A alteração legal certamente coloca um freio a esse tipo de interpretação estandardizada. A verdade é que a regra (até mesmo por aplicação do princípio "*in dubio pro reo*") é o reconhecimento da culpa consciente. É o apelo midiático que leva muitos operadores do direito a banalizar a tipificação da conduta como dolosa (dolo eventual) de forma apriorística e sem a devida reflexão. A alteração legal não impede a ocorrência de dolo eventual e até de dolo direto em casos que envolvam veículos automotores. No entanto, parece deixar mais claro que a regra é a culpa consciente, apresentando uma reprimenda legal mais adequada, a diferenciar aquele motorista imprudente, negligente ou imperito, mas que não está ébrio na hora do acidente, daquele que se acha embriagado e, portanto, tem uma culpabilidade certamente mais intensa (característica da culpa consciente).

Por fim, destaque-se que a Lei 13.546/17 prevê um período de *vacatio legis* de 120 dias, entrando em vigência no dia 18 de abril de 2018.

REFERÊNCIAS

BARROS FILHO, Clóvis de. *Moral e Ética*. Aula 1. Brasília, 2003. Disponível: https://www.youtube.com/watch?v=Q0jzSJpB3OM&t=6119s. Acesso em: 21.12.2017.

CUNHA, Rogério Sanches. *Lei 13.546/17: Altera disposições do Código de Trânsito Brasileiro*. Disponível: http://meusitejuridico.com.br/2017/12/20/lei-13-54617-altera-disposicoes-codigo-de-transito-brasileiro/. Acesso em 21.12.2017.

D) VEDAÇÃO DA PRISÃO EM FLAGRANTE EM CRIMES DE TRÂNSITO QUANDO HÁ SOCORRO À VÍTIMA E AS CIRCUNSTÂNCIAS DA EMBRIAGUEZ E DO RACHA

Autor: Eduardo Luiz Santos Cabette, Delegado de Polícia, Mestre em Direito Social, pós-graduado em Direito Penal e Criminologia, Professor de Direito Penal, Processo Penal, Criminologia, Medicina Legal e Legislação Penal e Processual Penal Especial na graduação e na pós-graduação do Unisal e Membro do Grupo de Pesquisa de Ética e Direitos Fundamentais do Programa de Mestrado do Unisal

O Código de Trânsito Brasileiro em vigor (Lei 9.503/97 – artigo 301), mantendo tradicional norma que já era prevista no antigo Código Nacional de Trânsito (Lei 5.108/66 – artigo 123), veda a prisão em flagrante do motorista envolvido em acidente de que resulte vítima, desde que preste "pronto e integral" socorro.

O regramento legal é claro e objetivo. Simplesmente não se impõe a prisão em flagrante a quem preste socorro em acidente de trânsito viário. Trata-se de uma medida de Política Criminal que visa incentivar as pessoas, ainda que tenham agido com negligência, imprudência ou imperícia evidentes, a prestar socorro e ao menos tentar minimizar as consequências de seus atos, sem temer a possibilidade de sofrer uma restrição de liberdade porque permaneceram no local, prestando a devida assistência a feridos. Não prever tal norma, seria incentivar a fuga do local, mesmo de indivíduos que tivessem convicção de não haver agido em infração à lei, pelo simples temor de uma prisão, ainda que injusta. Note-se que, por outro lado, quem omite o socorro devido sofre um aumento de pena de um terço até a metade, nos estritos termos do artigo 302, § 1º, III e artigo 303, § 1º, CTB. O sistema, sob a ótica da Política Criminal, é perfeito: incentivo à prestação de socorro (uma manifestação do chamado "Direito Premial") e inibição, com aumento de pena, para a omissão do socorro.

Conforme destacam Capez e Gonçalves:

> "Acontece que, visando estimular o socorro às vítimas, o legislador veda a efetivação da prisão em flagrante (lavratura do respectivo auto de prisão), bem como dispensa fiança àquele condutor de veículo envolvido em acidente que venha a pres-

tar imediato e completo socorro à vítima. Em contrapartida, aquele que não o fizer responderá pelo crime de homicídio ou lesões corporais culposas, com o acréscimo de um terço até a metade da pena".[42]

É bom lembrar nesse ponto, que o artigo 301, CTB, veda não somente a prisão em flagrante como também a exigência de fiança, quando há a devida prestação de socorro. Nesse sentido, é preciso ter em mente que, com o advento das alterações promovidas nas medidas cautelares processuais penais pela Lei 12.403/11, também não caberá pretender substituir a liberdade provisória sem restrições pela imposição da condição de pagamento de fiança prevista no artigo 319, VIII, CPP. A norma especial do artigo 301, CTB há que prevalecer sobre a geral do artigo 319, VIII, CPP.

Sabe-se que o Código de Trânsito Brasileiro não somente prevê os crimes de Embriaguez ao Volante (artigo 306, CTB) e de Racha (artigo 308, CTB), como tais circunstâncias podem exasperar a penalidades dos crimes de homicídio culposo no trânsito (artigo 302, CTB) e de Lesão Corporal Culposa no Trânsito (artigo 303, CTB). Isso sem falar na possibilidade de concurso de delitos em certas circunstâncias.[43]

Por obviedade, a vedação da prisão em flagrante não se aplica aos crimes dos artigos 306 e 308, CTB, eis que são culposos e neles (isoladamente falando) não existe vítima direta (trata-se de crimes vagos).[44] Em suma, não haverá a quem socorrer.

Quanto ao homicídio e à lesão, somente há aplicação da vedação do artigo 301, CTB, acaso o crime seja culposo. O dispositivo enfocado trata de "acidentes de trânsito" com vítimas e, portanto, não alcança as atuações dolosas, seja por dolo direto ou eventual. Também é fato, como bem observa Lopes, que o

---

42 CAPEZ, Fernando, GONÇALVES, Victor Eduardo Rios. *Aspectos Criminais do Código de Trânsito Brasileiro*. 2ª. ed. São Paulo: Saraiva, 1999, p. 25.

43 Doutrina e jurisprudência se dividem em casos nos quais seja possível cogitar do concurso entre os crimes de embriaguez ao volante e/ou racha e os crimes de homicídio e lesões culposas no trânsito. Há o entendimento de que os crimes de dano absorvem os crimes de perigo, não sendo possível o concurso, bem como o pensamento de que é viável o concurso de crimes. Vem prevalecendo a tese, atualmente, de que o concurso é viável, desde que a embriaguez ou o racha não sejam previstos como circunstâncias exasperadoras da pena do homicídio ou lesão culposos (neste caso haveria *"bis in idem"*). Para ilustração, observe-se jurisprudência em ambos os sentidos colacionada por Renato Marcão: MARCÃO, Renato. *Crimes de Trânsito*. 3ª. ed. São Paulo: Saraiva, 2011, p. 31-32 e p. 132-133.

44 Crimes vagos "são aqueles que não possuem sujeito passivo determinado, sendo este a coletividade, sem personalidade jurídica". NUCCI, Guilherme de Souza. *Manual de Direito Penal*. 14ª. ed. Rio de Janeiro: Forense, 2018, p. 141.

artigo 301 integra o Código de Trânsito Brasileiro e nesse diploma legal não existe previsão de homicídio ou lesão corporal dolosos, aos quais se aplicam as regras normais do Código Penal e do Código de Processo Penal.[45]

Ocorre que tanto no homicídio culposo como na lesão corporal culposa no trânsito, pode haver ligação com a circunstância da ebriedade ou da prática do racha. No homicídio culposo há previsão, no artigo 302, § 3º, CTB, de uma qualificadora que eleva a pena para "reclusão, de 5 a 8 anos" se o agente estiver embriagado na condução de veículo automotor por ocasião do sinistro. Já na lesão culposa, há também qualificadora ligada à ebriedade, desta feita prevista no artigo 303, § 2º, CTB. A pena então se eleva para "reclusão, de 2 a 5 anos" se o agente conduz o veículo embriagado e do acidente resulta na vítima lesão grave ou gravíssima.

No crime de racha (artigo 308, CTB), há também uma qualificadora, elevando a pena para "reclusão, de 3 a 6 anos", quando ocorrer, nessas circunstâncias (racha) lesão grave ou gravíssima.[46] Também há outra qualificadora quando no racha ocorrer morte, quando a pena sobre para "reclusão, de 5 a 10 anos".

Ocorrendo homicídio culposo no trânsito com o agente embriagado, não há se falar em concurso com o crime de embriaguez (artigo 306, CTB), eis que tal circunstância já qualifica o delito, nos termos do artigo 302, § 3º, CTB. O mesmo se diga quando houver morte em circunstância de racha, pois aí é a morte que qualifica o crime do artigo 308, CTB, de acordo com o § 2º, deste último dispositivo. Também inviável o concurso de crimes nos casos de racha com lesões graves ou gravíssimas, eis que as lesões são qualificadoras do racha (inteligência do artigo 308, § 1º, CTB).

Observe-se que em todos os casos tratam-se de mortes ou lesões que derivam de culpa. Inclusive o artigo 308, CTB é bem claro ao afastar explicitamente até mesmo o dolo eventual desses resultados. Assim sendo, em havendo, em qualquer desses casos até o momento tratados, o "pronto e integral" socorro à vítima por parte do autor do crime, inviável será a sua prisão em flagrante, de acordo com o artigo 301, CTB.

No caso das lesões culposas no trânsito com o agente embriagado (artigo 303, § 2º, CTB), é, porém, preciso observar que nem sempre a ebriedade irá qualificar o delito. Isso somente ocorrerá se, além de o agente estar embriaga-

---

45 LOPES, Maurício Antonio Ribeiro. *Crimes de Trânsito*. São Paulo: RT, 1998, p. 176.
46 O texto legal se refere apenas à "lesão grave", mas é de trivial conhecimento o fato de que a expressão "lesão gravíssima" não é um *"nomen juris"*, mas sim criação doutrinária e da prática forense, sendo fato que ao referir-se à "lesão grave", invariavelmente, está o legislador a se referir a ambos os resultados mais gravosos.

do na ocasião do sinistro, resultarem lesões graves ou gravíssimas na vítima. Nesse caso, a embriaguez é absorvida, pois que já qualifica o crime e não pode haver concurso com o artigo 306, CTB, o que configuraria "*bis in idem*". Portanto, também não será viável a prisão em flagrante se houver "pronto e integral" socorro à vítima por parte do agente, de acordo com o artigo 301, CTB, independentemente de estar ele embriagado no momento do acidente.

Porém, nas lesões culposas, se o agente estiver embriagado, mas a vítima sofrer lesões leves no acidente, não haverá a qualificadora do artigo 303, § 2º, CTB, a qual, como visto, exige (até pela conjunção aditiva "e") a presença da ebriedade e dos resultados graves ou gravíssimos. Nesse caso, pode haver a discussão sobre o concurso do artigo 303 com o artigo 306, CTB. Em se posicionando pela absorção do artigo 306, CTB, não surge dúvida maior quanto à aplicabilidade da vedação da prisão em flagrante. Mas, se a opção é pelo concurso entre os crimes do artigo 303 e 306, CTB, pode surgir a dúvida se seria viável a prisão pelo crime do artigo 306, CTB, eis que ele não comporta vítima determinada. A existência de uma vítima de lesão é ocasional e configuraria delito autônomo. Então, a prisão não seria lavrada com relação ao crime de lesão culposa no trânsito, mas sim com relação ao crime residual de embriaguez ao volante, mesmo porque o artigo 301, CTB se refere a "acidentes de trânsito de que resulte vítima" e na embriaguez, isoladamente, não se trata nem de acidente e muito menos de vítima de lesão.

Acontece que, na verdade, com ou sem concurso delitual, a solução não deve se alterar, ou seja, ao condutor, em acidente de trânsito com vítima, que prestar "pronto e integral" socorro, não se imporá prisão em flagrante. Mudar isso, seria uma medida político criminalmente equivocada, correndo-se o risco de jogar por terra todo o incentivo ao socorro em alguns casos.

Observe-se que tal dúvida também poderia surgir em casos nos quais houvesse racha, com o agente ébrio e resultado de lesão corporal ou ainda racha com o agente ébrio e morte. Na primeira situação, poderia haver entendimento de concurso entre o racha qualificado (artigo 308, § 1º, CTB) e o crime de embriaguez ao volante (artigo 306, CTB) ou mesmo, se as lesões fossem leves, entre os artigos 303, 306 e 308, CTB. No segundo caso, poderia haver concurso entre o racha qualificado pela morte (artigo 308, § 2º, CTB) e o crime de embriaguez ao volante (artigo 306, CTB). Também em nenhuma dessas situações existe motivo para abrir mão do dispositivo altamente recomendável de política criminal que constitui o artigo 301, CTB, vedando a prisão em flagrante do agente que pronta e integralmente socorre à vítima. *Em suma, as circunstâncias do acidente não devem ter o condão de afastar o intento de política criminal que visa ao incentivo ao socorro*. Pensar que o aceno da prisão em flagrante como possibilidade nesses casos iria inibir as atuações imprudentes é uma enorme ilusão. A única consequência seria realmente o maior incentivo à fuga e o desincentivo ao socorro, o qual, muitas vezes, pode ser decisivo para atenuar as lesões da vítima ou, até mesmo, para o salvamento de sua vida.

Rizzardo aponta para o fato de que se o agente quer prestar o socorro e não o consegue por motivos alheios, isso também não lhe pode tolher o benefício da vedação da prisão em flagrante. Em suas palavras:

> "Primeiramente, preponderam a disposição e os atos tendentes a prestar socorro. Se o veículo do causador não comporta o atendimento no local, ou as condições físicas e psíquicas do mesmo impedem o socorro, não é de se afastar a aplicabilidade da norma, porquanto, do contrário, se privilegiaria aqueles que tiveram maior sorte no evento, ou manobravam veículos mais resistentes. Decorreria uma quebra do princípio da igualdade e da própria justiça. Valerá, pois, para decidir quanto à incidência da regra, o ato de vontade evidenciador de prestar socorro".[47]

Neste ponto entende-se caber uma ressalva. Quando Rizzardo se refere à impossibilidade de prestação de socorro por motivos alheios à vontade do agente e resultantes do próprio acidente em si, ainda que ligados à culpa do infrator, mesmo na situação de racha (v.g. danos no veículo do autor, lesões sofridas pelo próprio autor etc.), é até possível concordar *se não se leva a efeito maior reflexão*. Mas, como se está a tratar neste texto também da situação de embriaguez, entende-se que se o impedimento ao socorro resulta da condição entorpecida do autor, isso não pode ser alegado em seu favor para que se reconheça o beneplácito do artigo 301, CTB, ainda que sem o devido socorro. Acontece que eventuais lesões ou danos decorrem do próprio fato, enquanto que a embriaguez do agente se dá num momento anterior em que este agia totalmente livre de qualquer circunstância, o que é conhecido dogmaticamente como "*actio libera in causa*". Mesmo ciente das críticas à "*actio libera in causa*", afirmando-se tratar-se de uma espécie de responsabilidade objetiva a responsabilização do indivíduo com base em sua conduta e elemento subjetivo anterior ao fato criminoso,[48] é de se aplicar a teoria a situações como a estudada. Acontece que aqui não se trata de responsabilização objetiva, mas do fato de que a embriaguez constitui, em si, um crime no trânsito ou fator de exasperação penal, bem como de impedir que o autor possa se beneficiar da própria torpeza, o que é princípio geral do Direito ("*turpitudinem suam allegans non auditur*"). Permitir que a alegação de ebriedade justifique a falta de socorro,

---

47 RIZZARDO, Arnaldo. *Comentários ao Código de Trânsito Brasileiro*. 4ª. ed. São Paulo: RT, 2003, p. 630.
48 Neste sentido lecionam, por exemplo, José Frederico Marques e Aníbal Bruno. O primeiro se sustenta na doutrina do segundo. Cf. MARQUES, José Frederico. *Tratado de Direito Penal*. Volume II. Campinas: Millenium, 2002, p. 212.

seria o mesmo que atenuar a pena do parricida – matricida por ser um órfão! Quanto às demais circunstâncias que rodeiam o ato, há que também discordar do autor após a devida reflexão. Afinal, elas são obviamente de responsabilidade do infrator, integram um quadro que decorreu de sua conduta imprudente e também não podem atuar a seu favor pelos mesmos motivos antes expostos em relação à embriaguez (*"turpitudinem suam allegans non auditur"*). A única situação em que se pode concordar com Rizzardo, seria o caso em que o agente seja impedido por terceiros de prestar socorro (v.g. casos de iminente linchamento etc.), pois que então serão motivos totalmente alheios à sua conduta que bloquearam sua vontade de socorrer.

Agora, presente o devido socorro exigido na forma do artigo 301, CTB, não serão quaisquer circunstâncias do sinistro que afastarão a vedação do flagrante, eis que deve prevalecer sempre o intento de Política Criminal que inspira a norma em questão.

Aliás, os pressupostos para o afastamento da prisão em flagrante não incluem a inexistência de embriaguez do autor ou reduzem a aplicação do dispositivo a determinadas circunstâncias. Segundo a doutrina tais pressupostos se resumem ao seguinte: "a) que o condutor do veículo seja o causador do acidente; b) que haja vítima no acidente; c) que preste pronto e integral socorro".[49] Sobre o tema Damásio é ainda mais enfático, arrolando os mesmos requisitos legais para a aplicação do artigo 301, CTB e afirmando expressamente que em caso de motorista embriagado que presta assistência à vítima, "aplica-se o art. 301: não se impõe prisão em flagrante".[50]

Finalmente, para colocar uma pá de cal sobre a discussão, é preciso lembrar que por ocasião do trâmite da Lei 11.705/08 (primeira "Lei Seca") se pretendeu, em projeto, estabelecer o afastamento do artigo 301, CTB, quando houvesse embriaguez do autor ou este estivesse na disputa de racha, bem como se estivesse dirigindo pelo acostamento, na contramão ou em velocidade superior à máxima permitida em 50 Km/h. Era o projetado Parágrafo Único, I a III do artigo 301, CTB. Tal Parágrafo Único e seus incisos nunca vigoraram, pois que foram objeto de veto presidencial, exatamente porque tais limitações iriam prejudicar os fins de Política Criminal que sustentam o disposto no artigo 301, CTB. E tal intento jamais se repetiu em outros projetos, dada sua evidente inconveniência. Eis o texto conclusivo das "razões do veto":

> "Embora objetivando aumentar o rigor do tratamento dispensado àqueles que atuam de forma irresponsável no trânsito, a proposta pode ensejar efeito colateral contrário ao interesse público. Uma vez produzido o resultado danoso pelo

---

49 LOPES, Mauricio Antonio Ribeiro, Op. Cit., p. 176.
50 JEUS, Damásio Evangelista de. *Crimes de Tânsito*. 5ª. ed. São Paulo: Saraiva, 2002, p. 70.

crime de trânsito, o melhor a se fazer é tentar minorar suas consequências e preservar o bem jurídico maior, a vida. Nesse sentido, tendo em vista o pronto atendimento à vítima, a legislação estabelece que não será preso em flagrante aquele que socorrer a vítima. Entende-se que não há razão para se excepcionar tal regra, porquanto que direcionada para a preservação da vida.

Observe-se que já se trata de exceção à regra do flagrante: somente se o socorro for imediato e se o agente fizer tudo que seja possível diante das circunstâncias é que haverá o afastamento do flagrante. Cabe, por fim, ressaltar que tal exceção não se confunde com impunidade: o autor do crime deverá responder por seus atos perante a Justiça e poderá, inclusive, ter a sua prisão decretada futuramente".[51]

Não parece possível maior e mais evidente demonstração da *"mens legis"* e da opção político criminal que deve inspirar a interpretação e aplicação do artigo 301, CTB.

REFERÊNCIAS

CAPEZ, Fernando, GONÇALVES, Victor Eduardo Rios. *Aspectos Criminais do Código de Trânsito Brasileiro*. 2ª. ed. São Paulo: Saraiva, 1999.

JEUS, Damásio Evangelista de. *Crimes de Tânsito*. 5ª. ed. São Paulo: Saraiva, 2002.

LOPES, Maurício Antonio Ribeiro. *Crimes de Trânsito*. São Paulo: RT, 1998.

MARCÃO, Renato. *Crimes de Trânsito*. 3ª. ed. São Paulo: Saraiva, 2011.

MARQUES, José Frederico. *Tratado de Direito Penal*. Volume II. Campinas: Millenium, 2002.

NUCCI, Guilherme de Souza. *Manual de Direito Penal*. 14ª. ed. Rio de Janeiro: Forense, 2018.

RIZZARDO, Arnaldo. *Comentários ao Código de Trânsito Brasileiro*. 4ª. ed. São Paulo: RT, 2003.

---

51 MENSAGEM de Veto. Disponível em http://www.planalto.gov.br/ccivil_03/_ato2007-2010/2008/Msg/VEP-404-08.htm , acesso em 20.05.2108.

E) PENAS ALTERNATIVAS NOS CASOS DE HOMICÍDIO E LESÃO CULPOSOS QUALIFICADOS PELA EMBRIAGUEZ NO CTB

Autor: Eduardo Luiz Santos Cabette, Delegado de Polícia aposentado, Parecerista e Consultor Jurídico, Mestre em Direito Social, Pós-graduado em Direito Penal e Criminologia, Professor de Direito Penal, Processo Penal, Medicina Legal, Criminologia e Legislação Penal e Processual Penal na graduação e na pós-graduação do Unisal e Membro do Grupo de Pesquisa de Ética e Direitos Fundamentais do Programa de Mestrado do Unisal

Originalmente as chamadas "Penas Alternativas ou Substitutivas", de acordo com o disposto no artigo 44, I, "*in fine*", CP seriam cabíveis em todos os crimes culposos, independentemente de onde fossem previstos ou mesmo da quantidade de pena privativa de liberdade aplicada.

Enquanto para os crimes dolosos a pena aplicada não pode ultrapassar 4 anos, para os crimes culposos o legislador abre a possibilidade de substituição sem maiores exigências. Conforme ensina Greco:

> A primeira exigência contida no inc. I diz respeito à quantidade da pena. A substituição somente se viabiliza se a pena aplicada não for superior a quatro anos, nos casos de infrações dolosas, *uma vez que para os delitos culposos a lei não fez qualquer ressalva com relação ao limite de pena aplicada* (grifo nosso).[52]

Assim sendo, até o advento da Lei 14.071/20, cujo início de vigor se dá em 12 de abril de 2021, as penas alternativas poderiam ser aplicadas a todos os crimes culposos, fossem eles previstos no Código Penal ou no Código de Trânsito Brasileiro, fossem eles cometidos sob quaisquer circunstâncias, não havia limitações legais para a aplicação das penas alternativas em crimes culposos, salvo os requisitos normais previstos no artigo 44, CP, especialmente em seu inciso III (requisitos subjetivos que seriam exigíveis mesmo no caso de crimes culposos).

Entretanto, a Lei 14.072/20 inseriu um artigo 312-B no CTB, passando doravante a proibir a substituição de penas privativas de liberdade por restritivas de direito nos casos de Homicídio Culposo e Lesão Corporal Culposa qualificados pela embriaguez. E mais, no caso das Lesões Corporais Culposas, para

---

52 GRECO, Rogério. *Código Penal Comentado*. 12ª. ed. Niterói: Impetus, 2018, p. 184.

aqueles que entendem que a penalidade mais gravosa prevista no artigo 303, § 2º, CTB se dá pela embriaguez **ou** pela ocorrência de lesões de natureza grave ou gravíssima, também haveria o impedimento acaso esse resultado mais grave ocorra, independentemente da embriaguez.

Em resumo:

A Lei 14.071/20 impede penas alternativas nos Homicídios Culposos e Lesões culposas do CTB, nos seguintes termos:

a) No Homicídio Culposo, conforme previsto no artigo 302, § 3º, CTB, ou seja, se o agente estiver embriagado quando ocorre o acidente. Aqui não há espaço para maiores indagações.

b) Nas Lesões Corporais Culposas, conforme previsto no artigo 303, § 2º, CTB. A princípio ali se exige que o agente esteja embriagado **e** resultem lesões graves ou gravíssimas.[53] Sendo a conjunção aditiva (e) não haveria maiores dúvidas e, portanto, as penas alternativas seriam vedadas quando o agente estivesse embriagado **e** houvesse lesões graves ou gravíssimas. Estando apenas embriagado, mas sem lesões graves ou gravíssimas causadas à vítima ou não estando embriagado, mas havendo lesões graves ou gravíssimas, não estaria configurada a qualificadora do artigo 303, § 2º e, portanto, não haveria a vedação do artigo 312-B, CTB. Isso porque esse artigo 312-B se refere expressamente ao § 2º do artigo 303, CTB e não a um ou outro resultado ou condição.

Não obstante, há dúvidas ainda sobre essa questão, pois pode parte da doutrina entender que, embora usando o legislador a conjunção aditiva "e" no § 2º do artigo 303, CTB, o crime se qualificaria ocorrendo um dos dois casos ali previstos, quais sejam a condição ébria do condutor **ou** os resultados mais gravosos para a vítima (lesões graves ou gravíssimas). Nesse quadro de pensamento, as penas alternativas seriam então vedadas tanto no caso de embriaguez, mesmo sem lesões graves ou gravíssimas, como no caso de lesões graves ou gravíssimas, mesmo sem embriaguez.

Entende-se, porém, que deve prevalecer o primeiro entendimento, segundo o qual haverá vedação no caso de embriaguez no Homicídio Culposo do CTB e na Lesão Culposa do CTB, apenas quando houver a embriaguez **e** o resultado mais gravoso das lesões graves ou gravíssimas.

É evidente que nos casos de Homicídio ou Lesões Culposas do Código Penal, nada se altera com relação à possibilidade de penas alternativas nos

---

53 Neste sentido: COLAÇO, Marcelo Ricardo. O Volátil Código de Trânsito Brasileiro. Disponível em https://emporiododireito.com.br/leitura/o-volatil-codigo-de-transito-brasileiro , acesso em 13.02.21. CUNHA, Rogério Sanches. Lei 13.546/17: Altera disposições do Código de Trânsito Brasileiro. Disponível em https://meusitejuridico.editorajuspodivm.com.br/2017/12/20/lei-13-54617-altera-disposicoes-codigo-de-transito-brasileiro/ , acesso em 13.02.2021.

estritos termos do artigo 44, CP, eis que o artigo 312-B, CTB somente se aplica aos casos do trânsito. Também nada se altera quanto à ampla possibilidade de aplicação da substituição nos casos de crimes de trânsito de homicídio ou lesão culposos nos quais não haja qualificação pela embriaguez, nos termos dos artigos 302, § 3º ou 303, § 2º, CTB (lembrando que nas lesões, ao menos como entendimento predominante, a vedação se dará com a ebriedade mais o resultado lesões graves ou gravíssimas, não bastando somente a condição ébria ou somente o resultado mais grave para gerar a vedação legal).

Essas proibições de penas alternativas não podem retroagir, pois que se trata de *"novatio legis in pejus"*. Sua aplicação será apenas para os casos ocorridos do dia 12 de abril de 2021 em diante. Antes disso, as penas alternativas podem perfeitamente ser aplicadas, mesmo nos casos qualificados do artigo 302, § 3º ou 303, § 2º, CTB. A única exigência será aquela genérica de que o autor do fato se adeque aos requisitos subjetivos para a concessão do benefício, conforme consta do artigo 44, III, CP.

É ainda interessante mencionar uma interpretação bastante inusitada veiculada pelo autor Márcio André Lopes Cavalcanti. Ele afirma que a Lei 14.071/20, na verdade, de acordo com a interpretação gramatical do artigo 312-B, CTB, não teria efetivamente vedado penas alternativas aos casos ali elencados, mas, ao reverso, reduzido os requisitos para a aplicação da benesse. Alega o autor que o legislador, ao fazer menção expressa direta ao inciso I do artigo 44 CP, não teria proibido as penas alternativas nos casos estudados, eis que não teria atuado sobre o *caput* do artigo 44, CP. Assim sendo, segundo Cavalcanti, apenas não haveria para os crimes do CTB de homicídio e lesão culposos as exigências previstas no inciso I do artigo 44, CP, mas somente as dos incisos II e III. Dessa forma, ao contrário de proibir penas alternativas, teria o legislador possibilitado mais amplamente sua aplicação, mesmo nos casos de crimes qualificados do CTB.[54]

A interpretação dada por Cavalcante, centrada no aspecto meramente gramatical, é criativa, mas não se sustenta.

Em seu próprio texto o autor expõe que a intenção da criação da lei foi a de restringir as penas alternativas nos casos enfocados. Em suas palavras:

> A Lei nº 14.071/20 inseriu o art. 312-B do CTB *com o objetivo de proibir a aplicação de penas restritivas de direitos para os crimes do art. 302, § 3º e do art. 303, § 2º do CTB. Essa foi a*

---

54 CAVALCANTI, Márcio André Lopes. A Lei 14.071/20 realmente proibiu as penas restritivas de direitos para os crimes do art. 302, § 3º e do art. 303, § 2º do Código de Trânsito? Disponível em https://www.dizerodireito.com.br/2020/10/a-lei-140712020-realmente-proibiu-as.html, acesso em 13.02.2021.

intenção do legislador conforme se observa pelas notícias divulgadas pelos sites oficiais do Senado Federal e da Presidência da República:

"O presidente Jair Bolsonaro sancionou a Lei 14.071, que promove uma série de alterações no Código de Trânsito Brasileiro (CTB). A norma, que foi publicada com vetos na edição desta quarta-feira (13) do Diário Oficial da União, entra em vigor dentro de 180 dias. (...)

"A nova norma prevê também que, em casos de lesão corporal e homicídio causados por motorista embriagado, mesmo que sem intenção, a pena de reclusão não pode mais ser substituída por outra mais branda, restritiva de direitos".

"O presidente da República, Jair Bolsonaro, sancionou a Lei 14.071/20, com mudanças na lei de trânsito aprovadas pelo Congresso Nacional. Dentre as principais alterações, destacam-se:

(...)

Proibir a conversão de pena privativa de liberdade em pena restritiva de direitos quando o motorista comete homicídio culposo ou lesão corporal sob efeito de álcool ou outro psicoativo;". (grifos nossos)[55]

Diante disso já se pode afirmar que a interpretação meramente gramatical jamais poderia ser o melhor caminho no caso em destaque. Como se sabe, já alertava São Paulo: "a letra mata, o espírito vivifica" (Coríntios, 3:6).

Além do mais, nem mesmo a interpretação gramatical mais correta pode levar à conclusão de Cavalcanti. O inciso I do artigo 44 estabelece requisitos para as penas alternativas no caso de crimes dolosos. No caso de crimes culposos, não estabelece requisitos, não exige nada, apenas permite amplamente sua aplicação. Ou seja, não é uma norma restritiva, mas permissiva. E é exatamente essa permissão aberta e incontida que passa a ser proibida com o advento da Lei 14.071/20 e do novel artigo 312-B, CTB. Fato é que Cavalcanti se equivoca ao interpretar o inciso I do artigo 44, CP como portador de exigências para a possibilidade de aplicação de penas alternativas para delitos culposos. Não há ali exigência alguma e sim o afastamento de exigências, o que é revogado pela Lei 14.071/20 e o advento do artigo 312-B, CTB. Uma norma proibitiva advinda altera o quadro e invalida a permissividade antes reinante. Ocorre o exato oposto do que criativamente defende o autor em destaque.

---

55   Op. Cit.

Finalmente há que fazer uma observação acerca da futura efetividade dessa alteração legislativa. Vimos que ela promove uma restrição, uma proibição absoluta de substituição de penas privativas de liberdade por restritivas de direito em casos de crimes de Homicídio Culposo e Lesão Corporal Culposa de trânsito quando qualificados nos termos dos artigos 302, § 3º e 303, § 2º, CTB. Pois bem, essa restrição absoluta pela lei de individualização da pena pelo magistrado no caso concreto, já foi objeto de análise e decisões reiteradas pelo STF, concluindo o E. Tribunal que há violação do Princípio da Individualização da Pena, sendo, portanto, tais dispositivos inconstitucionais. E, diga-se mais, isso foi decidido pelo STF em casos envolvendo crimes hediondos ou equiparados. Paradigmática é a decisão do Tribunal Supremo quanto à possibilidade de penas alternativas em casos de Tráfico de Drogas, devendo cada caso concreto ser individualizado e negando-se legitimidade à proibição imposta pelos então artigos 33, § 4º c/c 44 da Lei 11.343/06 (STF, ARE 663.261 e HC 97.256).[56]

Embora não se possa na seara jurídica pretender fazer previsões infalíveis, na maioria das vezes sequer seguras, pode-se afirmar que existe uma forte tendência a que o STF venha a declarar a vedação absoluta prevista pela Lei 14.071/20, conforme o novo artigo 312-B, CTB inconstitucional. Ora, se no caso de Tráfico de Drogas e outros crimes hediondos vem a Corte se manifestando assim,[57] não seria em nada coerente que em meros crimes culposos tomasse outro caminho.

REFERÊNCIAS

ALVES, Verena Holanda de Mendonça. A situação dos crimes hediondos e equiparados frente à possibilidade de aplicação das penas restritivas de direito. Disponível em https://jus.com.br/artigos/23724/a-situacao-dos-crimes-he-

---

56 Cf. PLENÁRIO Virtual – Reafirmada jurisprudência sobre impedimento de pena alternativa previsto na Lei de Drogas. Disponível em https://www2.stf.jus.br/portalStfInternacional/cms/destaquesNewsletter.php?sigla=newsletterPortalInternacionalNoticias&idConteudo=228602, acesso em 13.02.2021. Ademais, o § 4º, do artigo 33 da Lei 11.343/06 foi suspenso na dicção "vedada a conversão em pena restritiva de direitos" pela Resolução número 5, de 15.02.2012 do Senado Federal, em acatamento ao entendimento exposto pelo STF.

57 Alves deixa bem clara a posição do STF, admitindo penas alternativas em casos de crimes hediondos ou equiparados, desde que não marcados pela violência ou grave ameaça. ALVES, Verena Holanda de Mendonça. A situação dos crimes hediondos e equiparados frente à possibilidade de aplicação das penas restritivas de direito. Disponível em https://jus.com.br/artigos/23724/a-situacao-dos-crimes-hediondos-e-equiparados-frente-a-possibilidade-de-aplicacao-das-penas-restritivas-de-direitos#:~:text=O%20STF%20vem%20admitindo%20a,ou%20grave%20amea%C3%A7a%20%C3%A0%20pessoa. Acesso em 13.02.2021.

diondos-e-equiparados-frente-a-possibilidade-de-aplicacao-das-penas-restritivas-de-direitos#:~:text=O%20STF%20vem%20admitindo%20a,ou%20grave%20amea%C3%A7a%20%C3%A0%20pessoa. Acesso em 13.02.2021.

CAVALCANTI, Márcio André Lopes. A Lei 14.071/20 realmente proibiu as penas restritivas de direitos para os crimes do art. 302, § 3º. e do art. 303, § 2º. do Código de Trânsito? Disponível em https://www.dizerodireito.com.br/2020/10/a-lei-140712020-realmente-proibiu-as.html, acesso em 13.02.2021.

COLAÇO, Marcelo Ricardo. O Volátil Código de Trânsito Brasileiro. Disponível em https://emporiododireito.com.br/leitura/o-volatil-codigo-de-transito-brasileiro, acesso em 13.02.21.

CUNHA, Rogério Sanches. Lei 13.546/17: Altera disposições do Código de Trânsito Brasileiro. Disponível em https://meusitejuridico.editorajuspodivm.com.br/2017/12/20/lei-13-54617-altera-disposicoes-codigo-de-transito-brasileiro/, acesso em 13.02.2021.

GRECO, Rogério. *Código Penal Comentado*. 12ª. ed. Niterói: Impetus, 2018.

PLENÁRIO Virtual – Reafirmada jurisprudência sobre impedimento de pena alternativa previsto na Lei de Drogas. Disponível em https://www2.stf.jus.br/portalStfInternacional/cms/destaquesNewsletter.php?sigla=newsletterPortalInternacionalNoticias&idConteudo=228602, acesso em 13.02.2021.